KEN TAKAKURA
LAST INTERVIEWS

高倉健
ラストインタヴューズ

文・構成　野地秩嘉

プレジデント社

高倉健ラストインタヴューズ

高倉健ラストインタヴューズ

●撮影　十文字美信（総扉）／山川雅夫、岡倉禎志（本文）

●写真協力　東宝／東映／ＮＨＫ

まえがきに代えて

本書『高倉健ラストインタヴューズ』は生前に企画したものだった。前作では彼に話を聞いたうち、雑誌に載せた原稿だけを集めたもので、主に映画と演技の話になっている。

一方、こちらは録音したけれど、記事にはしていないものだ。加えて、編集者とわたしがメモしたものも含まれている。そして、内容は映画、演技だけでなく、人生、友情、恋愛、仕事のやり方などについて語ったものだ。いずれも雑誌には載せていない。いつしか本にしようと少しずつ書きためたものだ。

だが、亡くなってから読み返してみると、いまやこちらの方が重要になってきたように思われる。それは彼が考える人生や哲学がここにあるからだ。そして、わたしはもうこれ以上の音源、メモは持っていない。これ以上、発表するものはない。ほんとうはもっともっとたくさんあればいいのに……。

まずは高倉さんが、刑務所の慰問をしていたという話からお伝えしよう。

I 知られざる刑務所慰問

大切な人の所へ帰ってあげてください

富山刑務所は富山市郊外にある。刑期が一〇年未満の男性受刑者を収容する場所で、定員は五百数十名。二〇一二年の秋、所内で映画の観賞会と高倉健の講話を聴く会が催された。同年に公開された映画『あなたへ』のなかで、同刑務所が舞台となり、ロケを行ったことに対して、高倉健が感謝の意味を込めて行ったものだった。

当日、講堂で開かれた鑑賞会にはほぼすべての受刑者が参加していた。静まり返った講堂のなかに、係官ののんびりした声が響く。

「えー、それでは、ただ今から、招集行事を始めたいと思います。本日の招集行事の趣旨につきましては、すでに獄中放送をしているところではありますが、この機会であらためて説明したいと思います。

昨日、映画が公開になりました。東宝映画製作所（原文ママ）製作、降旗康男監督の『あなたへ』という映画です。全国一斉公開となりました。この映画は、富山県地方の作業教官を主人公にして、亡くなった妻の生まれ故郷である長崎県の生月島《いきつきしま》という所へ旅をする途中、様々な人々と出会いながら、亡くなった妻との思い出を振り返り、妻の本当の愛情に接するまでを描いた作品です。

映画の中では、富山刑務所の作業教官役を、俳優の高倉健さんが、そして、その妻を女優の田中裕子さんが演じられています。昨年（二〇一一年）の九月上旬、高倉さんや田中さんが当所にお越しになり、約二週間の間、当所内外で撮影が行われました。

この映画の全国公開を機会にして、高倉さんから、映画撮影に協力していただいたことに対してお礼を述べたいというお申し出がありまして、本日、関係者の方々が来所されました。

映画では、普段使用している運動場や道場前の長い通路を高倉さんが使うシーンが出てきます。

さて、主演の高倉さんからごあいさつを頂きますが、普段は接することもできない、大変貴重な機会であり、皆さんも今か今かと心待ちにされていることと思います。ごあいさつにあたっては、失礼等のないようご清聴いただきたいと思います。

それでは、準備が整いましたので、ご登壇いただきたいと思います。あらためて紹介いたします。

俳優の高倉健さんです」

（大拍手）

登場した高倉健は聴衆に向かって深々と頭を下げる。時間をかけて受刑者たちを見る。ひとりひとりにちゃんと視線を送る。そして、しゃべり始める。

——初めまして。映画俳優の高倉です。

（大拍手）

昨年、この富山刑務所で、とてもお世話になりました。

本日、みなさんがご覧になる『あなたへ』の大事なシーンをたくさん撮らせていただいたことに心から感謝いたします。本当にありがとうございました。

（大拍手）

こういう所でしゃべるのはあまり経験がないものですから、昨日、ホテルで寝られなくて、原稿を作ったんですけども……、結局、メモはなしで話します。

これから見ていただく映画『あなたへ』は、人を想うということの大切さを描いたものです。そして、人を想うとは、切なさにもつながることではないかと思います。

（少し間をあける。受刑者たちをふたたび見渡す）

えー、自分は、日本の俳優では、いちばん多く、みなさんのようなユニフォームを着た役をやった俳優だと思っております。

(これまでで最大の拍手)

ええ、話が長くなりましたので、みなさんが一日も早く……、みなさんにとって、あなたにとって、大切な人の所へ帰ってあげてください。心から祈っています。

どうぞお元気で、一日も早く、出所されてください。暑いなか、ありがとうございました。

話している時間は五分に満たなかったけれど、高倉本人にとっては、「長い話」だったのだろう。「みなさんのようなユニフォームを着た」という個所ではもっとも拍手が多かった。彼がスピーチのなかでもっともしゃべりたかったのはこの一節なんだろうな、とわたしは思った。

高倉健は生涯に何度か刑務所、少年刑務所で話をしている。いずれも本人にとっては長い話だったのかもしれないけれど、せいぜい一〇分程度だった。映画の観賞会に合わせて、施設を訪れて簡単なあいさつをする形式だった。

きっかけを作ったのは子どもの頃からの友だち、敷田稔だ。敷田は一九三二年、北九州に生まれた。一歳下だけれど、高倉が八歳で肺浸潤に罹り、一年留年したため同級である。

敷田は東筑高校を出た後、九州大学法学部に進んだ。司法修習生を経て検事に任官したのは一九五六年。その後、ハーバード大学ロースクールに留学、検察官としてさまざまな仕事をし、名古屋高検の検事長として定年を迎えた。

一九八六年、法務省矯正局長のとき、敷田は幼馴染の「剛《ごう》ちゃん」に川越の少年刑務所で講話をしてくれないかと頼んだ。それが、そもそもの始まりだった。

「行きたかのお」「行こうか」

いまは湘南江の島のマンションに夫人とふたりで暮らす敷田に「高倉さんのことで覚えていることはありますか」と訊ねたら、ひとことだけ呟いた。

「剛《ごう》ちゃんいい男だったねえ。子どもの頃からうんといい男だった」

敷田はとつとつと続ける。

「私が剛ちゃん、後の高倉健と最初に会ったのは、一九四四年の秋のことだった。私の父は軍人で、横須賀から本籍地の北九州の香月町に転居し、折尾町の旧制東筑中学校に転入学したときのことだった。当時、剛ちゃんは同じ香月町に住んでいて、一緒に東筑中学に通っていたんだ。

香月線から筑豊本線に乗り継ぐ汽車で一緒に通学する同級生は何人かいたけれど、不思議に気が合ってすぐ「剛ちゃん」「稔さん」と呼び合う仲になった。それ以来、私と剛ちゃんは、ふたりでアメリカへの密航という無謀な冒険も企てたことがある。

ふたりでアメリカに向けて密航しようかと真剣に話し合うまでになってしまったのは高校生のとき。

密航計画の経緯について、剛ちゃんは、エッセー集『あなたに褒められたくて』にこう書いているよ。


《英語が喋れるようになるにつれて、アメリカへの憧れは、より募っていった。アメリカへ行ってみたいなあ、ぼくがなにげなくもらすと、敷田君も同じことを言った。

その二人の目の前は、若松の港だ。

外国船が行き交っている。あの船に乗れたら、アメリカへでもどこへでも、すぐに行けるのに、とぼくらはため息をついた。

今のように外国へ気楽に出ていかれるという時代ではなかった。

「行きたかのお」

「行こうか」

ため息はいつの間にか、決意に変わった。

「密航するしかなかと」

どちらが言い出したのかわからない》

《ぼくは父の下で働いている荷役の親方に、どの船ならもぐり込めるか、聞いてみた。親方は「たいていの船は大丈夫だ。で、いったん出てしまえば、まさか二人の少年を降ろすためだけに帰ってくるようなことはないだろう」と言った。

ぼくと敷田君は、ほとんど有頂天になっていた》

《あるとき、親方がわざわざぼくを呼び出した。いよいよサンディエゴへ行く船の出航の日時が決まったのに違いない。わくわくして出ていった。ところが、そうではなかった。

親方は言った。

「坊ちゃん、だめだ。坊ちゃんらを密航させたなんてわかったら、自分は殺される。それに第一、今まで密航を図って出航したって話も、成功したって話も聞きませんば

い」》

敷田は話を続ける。

「私が彼の映画のなかでいちばん好きだったのが山田洋次監督の『幸福の黄色いハンカチ』（一九七七年）だよ。六年の刑を終えて網走刑務所を出所した剛ちゃんが自宅に帰ると、庭の竿に、たくさんの黄色いハンカチ。あの場面では涙が止まらなかった。『今でも自分を待ってくれているなら』と刑務所から出した手紙どおりに、倍賞千恵子の演じる妻が温かく迎えた場面……あれが忘れられない。

交流は亡くなるまで続いていたんだ。国連に出向してウィーンに住んだときも、彼から、『今パリに来ている、今ロンドンだ』などと電話があった。しかし、ウィーンに来る機会がなかったのはあれは残念だったね。

一九八六年のことだ。私は矯正局長になったんです。剛ちゃんが喜んでくれて、『よし、いまだ』と思ったから刑務所での講話を頼んだんだ。矯正展の閉会式にも出てもらったことがある。

『頼むよ、よろしく』といったら剛ちゃんは『どんな話をすればいいのか』というんだよ。それで言ったんだ。『剛ちゃん、世界中で日本だけが、刑務所や少年刑務所で、看守の人たちが拳銃も鉄砲ももっていない。いかに受刑者や少年たちを信頼して接しているのか。そんなことを言ってもらえればありがたい』と。

川越少年刑務所へ行ってもらったときは私も聞きに行った。大勢の少年たちを前にしたら、最初に約束した話なんかどこかに吹き飛んでしまって、まったく違うことを喋りだしたんだ。

『いろいろなことがあったから、皆さんはここにいるのでしょう……。でも目を瞑って自分のいちばん好きな人、恩のある人を思い出してください。その人のために、他の誰のためでもなく、その人だけのために、一日でも早くここを出て、更生してください。よろしくお願いいたします』

講話に立ち会っていた私は、彼の話に真剣に聞き入っている大勢の少年たちの泣き出さんばかりの表情を見て、剛ちゃんに来てもらって本当によかったと思った」

Ⅱ 演技について

KEN TAKAKURA
LAST INTERVIEWS

＊『鉄道員 ぽっぽや』の北海道ロケ、東映大泉撮影所での雑談から
ロケで出番待ちをしているとき、あるいはコーヒーを飲んでいるとき、高倉さんから、話しかけてくるようになった。最初のうちはテープもまわさず、メモも取らなかった。丹波哲郎さんが英語のセリフを言うマネをしてくれたこともあった。あれは、結構、面白くて、まわりにいたスタッフも笑った。ここにあるインタビューはメモとテープから構成したものだ。

『鉄道員 ぽっぽや』は一九九九年公開の東映作品だ。高倉健は『動乱』（一九八〇年共演・吉永小百合）以来、一九年ぶりに東映作品に主演した。本人が出たロケの撮影が行われたのは北海道、根室本線の幾寅駅、滝川駅、静岡県の大井川鉄道だった。

わたしは上記ロケ地の他、東映の大泉撮影所で行われた撮影も含めて二か月間、ほぼ毎日、見学に行った。当時、本を書く仕事の依頼が少なかったので、昼食時に、撮影所へ行くのが日課になっていた。

ある日のこと、撮影所の隅で見学してたら、高倉さんから声をかけられた。

「毎日、ここに来てるね。出席率いいね。オレと（小林）稔侍の次じゃないかな。……でも、野地くん、もっと本業の仕事をしなきゃ。ここに来るより、営業だよ、営業。本業で儲けてくれよ」

高倉さんは笑いながら、わたしの仕事を心配していた。しかし、だからといってす

ぐに仕事は増えない。相変わらず、撮影所に出かけて行ってはロケ弁をごちそうになっていた。毎日の食費が浮いて、わたしは嬉しかった。

俳優になった理由は……

（高倉健）

うん、お金だね。東映じゃなくてもどこでもよかった。大学を出た後、一度、実家に戻っていたんです。けれど、大学三年のときに好きになった女の人が東京で暮らしていて、どうしてもその人に会いたかった。

俳優になろうと思ったんじゃなくて、何でもいいからお金がほしかった。恋をした女と暮らすためには金がいるでしょう。それだけのことです。

大学を卒業して二年目かな。ある人から新芸プロの福島（通人）社長を紹介されて、マネージャ見習いになるつもりで面接に向かいました。新芸プロには当時、（美空）ひばりちゃん、大川橋蔵さん、錦ちゃん（中村錦之助）といった大スターがいて、僕はそこの社員に採用されるという話だったんです。

京橋の喫茶店で面接を受けていたら、すぐ横に東映のマキノ光雄専務がいて、「あいつを俳優にしよう」となったらしい。それで、東映の東京撮影所に行き、東映の第二期ニューフェースになるわけです。

あの頃から映画は好きで、よく見ていました。でも洋画ばかりだよ。アメリカ映画だね。あの頃の大学生はみんな映画が好きで、それも洋画だけだった。

覚えているのは、ここ（東映大泉撮影所）のこと。ここに来て、キャメラテストを受けて、スチールも撮ったというか、撮らされたんです。まだ、映画（デビュー作『電光空手打ち』一九五六年）に出る前のことで、映画に出るか出ないか、ニューフェースに採用されるかどうかのキャメラテストだったんです。撮影所のなかで写真を撮りました。もうなくなったけど、ここにスチール写真を撮るための専用の部屋があったんだ。僕はドーランを塗られてね。あのとき、涙がぽろっと出ましたよ。子どもの頃、うちのそばの劇場に旅回りの劇団がやってきていて、僕らは父親の関係でただで見せてもらうことができたんだ。役者が着替えたり、支度するところも見ていたんだよ。子ども心にも旅回りの役者たちの生活環境がわかってね……。あの頃の旅役者は貧しかったし、みんなにさげすまれる仕事だったから……。

「オレも旅役者みたいになるのか」と思ったら、自然に涙が出てきた。あれは忘れられない。

写真を撮った後、どうやら採用されたらしくて、キャメラテストの翌日から六本木の俳優座養成所に委託研究生として通い始めました。男女各一五人。三〇人が定員だったけれど、どうしたことか同期の今井健二君と僕だけは遅れて途中から入ってもOKだったんだよ。

当時、東映のニューフェースになったら俳優座養成所へ演技の勉強をしに行くことが決まりだったんです。

俳優座の委託研究生になって入ったその日からパントマイムをやらされました。いまでも鮮明に覚えているけれど、大きな部屋のなかに全員、椅子にコの字型に座ってそれぞれ自己紹介をするんだ。

「小田と申します。北九州の出身です。よろしくお願いします」

先生が「小田くん、ちょうどいい、キミからパントマイムをやってみなさい」

そんなの、できるわけないよ。だって、部屋に入って、あいさつしてすぐだよ。野地くん、できる？　できないよ、そんなの。

そして、与えられたテーマがこうなんだ。

「小田くん、キミは、まわりが全部塀で囲まれた所にいる。そして火事だ。サイレンが鳴ってるかもしれないし、人も走りまわってるだろう。煙も入ってくるかもしれない。火のにおいもするだろう。そういう状況にいることをみんなの前で、パントマイムでやってみなさい」

無理だよ。養成所に入った直後だからね。五分も経ってないのに火事の状況を想定して演技しろと言われても……。まったく動けないですよ。その場で黙って立っていたら、すごく怒られた。

「すみません。できません」と答えたら、もうそのときから点数がつかないんだ。

「小田くん、キミは零点。だいたい、俳優を目指してきてるのに、できませんはないだろう。キミはいったい、ここを何だと思ってるんだ」

またまた怒られるわけです。

そこで見ていたら、トップバッターの僕以外はみんな上手なんですよ。咳き込んだり、壁をたたいたり。

「これはとてもオレにはできないな。役者は無理だ」と。みんな、すごいなあと感心した記憶がある。

その日、自分は俳優には向いてないとわかった。しかし、向いてなくても、これしかないと思った。他にやることがなかったから、役者にならないと食っていけない。

それで、毎日通いました、俳優座に。

通いだして一か月もしたら、今井健二くんと僕だけが、なぜか呼ばれたんです。遅れて入ったふたりが本社に呼ばれて、「小田くん、裸になれ」って。いろいろあるんですよ、俳優は。裸になれと言われたら、その場で脱がなくちゃならない。裸をじろじろ見られて、その後、台本をもらって、キミ、これを読んでおけ、と。

たった一か月ですよ。俳優修業らしいことをやったのは。俳優座に通いだして、演技の勉強をして、たった一か月で僕は『電光空手打ち』の主役をやれと言われたんだ。

撮影はすぐに始まりました。映画の舞台は沖縄ですが、そこまでは行けない。沖縄に似ている千葉の房総海岸へロケに行きました。演技もわからず、言われた通り、動いていたら映画ができた。それがデビュー作です。試写で見ただけその後、劇場では見たことないよ。

内田吐夢監督の教え

デビューしてから三年くらいは演技というものがよくわからないままに映画に出演していました。

少し進歩したと言えるのが、『森と湖のまつり』(一九五八年)でしょうか。監督の内田（吐夢）さんに衣装合わせのときに、こう言われたんだ。

「君の役は悲劇的なアイヌ民族の運命を背負って立つ男だ。映画のなかに、そういう悲劇的なにおいを出したい」

監督の意図がわからなくてね。衣装あわせのときにうーんと考え込んだ。どうして内田監督は映画なのに、においの話をするんだろう？

「ひょっとすると、映画にはにおいが映るのだろうか」と真剣に考え込んでしまった。そして、「やっぱり、映画にはにおいは映らないんじゃないか」なんて思って、監督に言いに行こうかと迷いましたよ。僕はその程度の何もわかっていない俳優でした。

もっとも内田監督は俳優の衣装、俳優のしぐさ、演技の形、映画の色……そういうものにすごくこだわる方でした。

たとえば、主人公の風森一太郎はアイヌの青年で、放浪生活をしている。だから、真っ黒のタートルネックを着ている。ズボンは陸軍の軍服でカーキ色。着る洋服はすべて内田監督が決めたもので、俳優に選択肢はないんです。

衣装を着たら、内田監督からダメ出しをされました。「君は腰が細いね」と言われ、陸軍の兵隊さんが着るカッパを衣装の上から腰に巻かれたんです。そうすると腰が太く見えるでしょう。映画を撮る前の準備に時間をかける方でした。そして、内田監督は、なぜこの衣装が必要なのかをちゃんと説明して俳優の頭に叩き込む。また、腰を太くするのに他の布を使わないでカッパにしたのにもちゃんと理由があるんです。釧路湿原の泥のなかを逃げるときは腰から取ったカッパを着て走るんだ。衣装選びの段階から撮影する絵のすべてを決めているんです。すごい方でしたよ、それは。

内田監督の『宮本武蔵 一刀流開眼』(一九六三年)でも、衣装に凝る姿勢は変わりませんでした。その映画で、錦ちゃん(萬屋錦之介、映画当時は中村錦之助)がやった武蔵の衣装ですが、色はこげ茶と黒です。旅をする修行者ですから、ところどころに血もついている。修行者だから汚れが目立たない黒、茶を着るに違いないということです。しかも、武蔵が差す刀の鞘の色、紐の色に至るまで監督の指定でした。

むろん、僕がやった佐々木小次郎の衣装、刀もそうです。衣装さんが選ぶのではなくて、監督自らが選んでました。内田監督からは形や姿を考えてから演技に入ることを教わりました。思えば、あのときからです。俳優として演技を考えるようになったのは。だから、『鉄道員 ぽっぽや』でも、北国の駅長さんが着ていそうな服を選んであるんだよ。

黒澤明監督の教え

前にも言ったけれど結局、僕は一か月しか俳優の訓練を受けていないわけです。それも、ちゃんとしたアカデミックな訓練というわけではなかった。だから、素人みたいなもんですよ。

僕の演技は内田監督をはじめとして、すべて映画のスタッフから教わったと言っていいんだ。

俳優をやっていて、あるとき、黒澤監督に近いところにいらした方から言葉をいただいたことがある。

「心はいつでも真似できるが、形はなかなか真似できない。俳優は古典芸能を勉強しなきゃダメだ」

いつもそうおっしゃっていたそうです。

芝居や能を勉強しろ、と。能はお面をかぶって、ちょっと首を傾げるだけで悩みや悲しみを表現する。面をかぶって、悲しみが表現できたら、俳優として一人前だとも言われたそうです。

©1999「鉄道員（ぽっぽや）」製作委員会

なるほどなと思いました。武芸でも同じでしょう。空手、居合、どちらも形を大事にします。形を訓練しているうちに心が入ってくる。

俳優を一年か二年やれば、誰だって、悲しいシーンでは自然と悲しい気持ちになることができる。心は真似できます。でも、形は訓練しなくてはダメ。黒澤監督の言ったことは的を射ています。

本職を真似ることはない。方言もしゃべりたくない

――『鉄道員 ぽっぽや』のロケで、高倉さんがホームに上がって笛を吹くというシーンがありました。一緒にロケを見学していたJR北海道の駅長さんが高倉さんの真似をして、ホームに上がったら、空を見上げてから笛を吹くようになったそうです。

はは、ほんとそれ。嘘でしょう。でも、それ大切な話なんだ。僕は本職の動きやしぐさを真似したことはありません。本職と役者がやることはまったく違うと思っているからです。もし、本職のしぐさにこだわるのだったら、軍人でもやくざでも本人を連れてきて演技をしてもらえばいい。でも、それでは観客には出ているのが本物の軍

人、本物のやくざには見えないんだよ。

形から入ると言ったけれど、役者がやるのは本物のしぐさだけを真似ることじゃないんだ。いかに、フィルムに「気」を定着させるかだよ。

黒澤監督の言葉じゃないけれど演技で形は大事です。でも、形に「気」を入れないと、本物のように見えない。

JR北海道の駅長さんの話、ほんとだったら嬉しいね。『鉄道員ぽっぽや』のとき、僕は駅員の人に真似してもらいたいと思って演ったんだ。軍人のときでも、やくざをやっても、いつもそう思っているんです。

今回に限らず、僕がやりたくないと思ったのは方言をしゃべること。地方の訛りを上手にしゃべる人が名優、いい俳優と思われていたりするけれど、僕はそれにはすごく抵抗があった。

映画を見るのはお客さんです。お客さんがわからない言葉をしゃべっても、意味はない。スーパーを入れなきゃわからないようなセリフを、しゃべりたくはありません。

こう言うと、方言指導の方に対して失礼かもしれない。しかし、お客さんにわかる方言までならいい。だからといって全編、方言ばかりにするのは嫌なんだ。方言はお客さんに、その地方のにおいが届く程度でいいんだよ。全編を方言でしゃべるのはおかしい。一〇のうち一か二でいい。それでいいんだよ。

でも、『鉄道員ぽっぽや』では、なぜか自分がいちばん北海道弁を使っているような気がして……。そこがとても気になってます。今回いちばん気になったのがそこだ。嫌だなと思いながらね。

方言はにおいがちょっとすればそれでいいんだ。そりゃ北海道の話をやってるのに、鹿児島のにおいがしては具合が悪い。だけど、何を言ってるかわからないセリフが流れているのは、僕はばかばかしいと思う。

ただし、これもまた矛盾かもしれないけれど、映画のなかにつぶやきとか聞こえないセリフがあるのはいいんだ。たとえば音声の紅《べに》さん（紅谷愃一）とはいつもやり合うことがある。紅さんは言う。

「健さん、はっきり発声してください」

僕は抵抗するんです。わからないセリフがあってもいいときがある、と。悲しいとき、怒りのとき、声にならないことってあるでしょう。口は動いてるけれど、声にはなっていないことがある。声を出さないことが悲しみや怒りの表現になっていたりするんだ。自分ではそう思ってますよ。それで、口は動かすけれど、声を出さないようにしている。それで、音声さんから叱られる。

どうだろう。長年、染みついた業みたいなものかな。お客さんは口の動きを見て、「あの人のいまの心の動きはこうなんじゃないか」と勝手に想像すればいいんですよ。

ロケハンで土地から気をもらう。テーマミュージックで気を保つ

――高倉さんはロケに行く前に必ずひとりで現地を訪れると降旗監督から聞きました。『鉄道員 ぽっぽや』でもそうしたのですか？

いや、そんなことしないです。いえ、正確に言えば必ずではありません。行ったこともあるし、行かなかったこともある。ロケ地を見に行く場合は、土地を感じに行くんだ。どこの土地でも、そこが持っている「気」がある。その気を感じに行くと言ってもいい。気象条件でも土地の起伏でもなくて、その場所に立った自分が何を感じるかを調べに行く。感じたものが大きければそれは演技のなかに表れます。

土地を感じると、気持ちも高まるしね。

「ああ、ここならやれる」とか。

『夜叉』（一九八五年）のときはホンをもらって、すぐに日本海（福井県三方郡美浜

町日向《ひるが》）を見に行きました。場所の気をもらいに行ったわけです。だって、いい場所でしょう。舞台に立って、俳優はやる気を出すんですよ。

場所の気をもらうだけでなく、僕は撮影の間は、いつもこれと決めた曲を聴いています。その曲がすごく僕に影響を与える。絶えず聴いてないとダメです

――（高倉さんはラジカセからCDを取り出して、「『鉄道員　ぽっぽや』のときはこれを聴いている」と言った。わたしは訊ねた）

この曲ですか？　クリス・レア？　「ドライビング・ホーム・フォー・クリスマス」の人ですか？

まあ、聴いてみて。

これ、偶然、出会った曲だけれど、もういまはずーっとこればかり。

クリス・レアは歌手だけれど、自分でシナリオを書いて、『ラ・パッシオーネ』という映画を作ったんだ。映画は観ていないよ。撮影所でもロケ現場でも、このサントラばかり聴いているんだ。ヘアメイク、スタイリストの女の子にも聴かせたら、「いい」って言っていたよ。降旗監督も「いいですね」って。

僕だけがいいと思ったわけじゃなくて、『鉄道員ぽっぽや』のスタッフみんながテーマミュージックを聞きながら『鉄道員ぽっぽや』を撮ってる。

三番目に入っている曲（Shirley Do You Own a Ferarri?）。

これがまたいいんだよな。

「あなたはあなた自身のフェラーリを持ってますか？」

映画を観てないからわからないけれど、主人公がフェラーリに憧れている物語らしいんだ。フェラーリは憧れの代名詞なんだよ。

（アリアを歌うような調子で）

私は私のフェラーリを持っている。あなたはあなたのフェラーリを持っていますか？

あなたはすばらしい場所に住んでいますか？　喜びにあふれた微笑みを持っていますか？

どうだい、僕はこの曲を聴いていると泣けてくるんだ。

幸せってなんなのかなあって思うよ。

この主人公は言うんだ。

「私は、私のフェラーリを持っています。憧れることは病気じゃありません」

モノじゃないんだ。心なんだ。フェラーリを持ちたい。フェラーリに乗りたい。わたしのフェラーリは何だろうか？

――この曲を歌っているのはシャーリー・バッシーですね。いい声してますね。デュエットでしょうか？

うん、デュエットだね。たまらない。シャーリー・バッシー、以前よりいい声だね。ずっとよくなってる。

『007』のゴールドフィンガーを歌っていたときよりもはるかに大人の声になっている。

震えちゃうね。風雪に耐えたよ、この人。

――これまでの映画に出演されたときもテーマミュージックはあったのですか？

どの映画のときでも全部あるんだ。

『八甲田山』（一九七七年）のときも聴いていました。中森明菜さん、井上陽水さん、パコ・デ・ルシア……。
シーンに出る前、テーマミュージックを聴いてから行くと、シャキッとする。だからどこでも聴けるようにしておく。うちのなかでも、二、三か所で聴けるし、ウォークマン、車のなか、どこでも同じ曲をかけている。結局、励みになるんだよ。ビタミン剤を飲んでるみたいにね。だから、同じCDを何枚も買わなきゃいけない。これ、持っていっていいよ。

——いえいえ、買います（わたしはCDを高倉さんに押し戻した）。音楽の話ですけれど、『鉄道員 ぽっぽや』のなかでは「テネシーワルツ」をハーモニカで吹きました。ハーモニカには何か特別な思いがあるのですか？

うん、「それは特別な思いはありました」。以上、おしまい……。思いはあるけれど、インタビューでは言いたくない。誰にも話したくない。
それはそうとして、ハーモニカは僕らの年代は誰でも上手に吹ける。でも、芸能界でいちばん上手なのは僕じゃないよ。渡（哲也）ちゃんじゃない？　なにしろ、毎日、夕方になるとハーモニカを吹いてるってことだから。本人に確かめてみたら？

その後、わたしは渡哲也氏にインタビューする機会に恵まれた。取材の終わりに、「渡さんはハーモニカが上手なんですか？」と聞いてみた。すると、渡さんは「えっ、いったい誰に聞いたのですか？」と怪訝な顔をした。「高倉さんから聞きました」と答えたら渡さんはさらに怪訝な表情になった。「高倉さん？　どうして、僕がハーモニカの練習をしているのをご存じなんだろう？」

スタッフに乗せられて頑張る

今回（『鉄道員ぽっぽや』）のスタッフには、俳優に気を吐き出させる達人が揃っています。マスターズ（達人）じゃないですか。僕は本当にクランクアップのときに何かお礼を言わなきゃいけないと思って、そういうときが来たら何を言おうかなと考えているところです。

最初の製作発表のときに、ちょっと我を失って泣きそうになったところがあるから、最後はカッコよくやりたいな、と。達人の集団に熱い眼差しを向けられて、喜びを感じていますよ。

ただ、それはチヤホヤされるわけではないんです。朝着いたら、東映の人が出迎えてくれる、帰るときにみんなで見送ってくれる……。それもいいのですが、何よりも撮影のときの諸準備です。

「ああ、気をつかってもらってるなあ」と感謝しています。

久しぶりの東映出演です。いつもよりも、スタッフが気を送ってくれていることを感じる。ほんとに思った。周りの人たちがみんな気をくれてるんだなと。一度、思わず涙が出たんです。あまりに幸せだったから。

撮影所に来るのに、今回は一度も遅れていません。僕は遅刻で有名だったんですよ。勝新太郎かオレか、っていうくらい、時間通りに来たことがなかった。昔、東映では九時開始だったけれど、いつも来るのは一二時で、撮影が始まるのは午後の一時から。まあ、今回は初日から一時開始にしてもらったけれど。やっぱりそういうことも含めてありがたいなあと思っています。

スタッフだけじゃないんです。ここ（南富良野町幾寅）に住んでいる妙齢の女性陣が毎日、俳優、スタッフのために炊き出しをしてくれるんですよ。じゃがいものだんご、豚汁、おにぎり、うまいねえ。あれで身体があったまるし、やろうという気が充実してくる。

女性陣は朝早く起きて、当番を決めて作ってくれるんだって。しかも全部、手作りです。機械でぱぱっとこねて、大量にばっと出したものには感じない何かがある。まちがいなく感じますよ、それは。彼女たちの気が入っているんです。

結局、仕事ってそうなんじゃないかな。みんなが集まって、何かをやっていくときに、やろうという気になるかならないかで、できあがりは変わってくる。

でもね、事情をわかっていない部外者が撮影所に入ってくると、たとえ目に入ってなくても空気が変わるんだ。すぐわかる。不思議だねえ。

今回、俳優、スタッフの息が合ってきたのは寒い北海道の風に当たって、時間を共有したからだと思う。寒いときの北海道のあの風に吹かれてるやつだけが、スタッフなんだという申し合わせができたみたいな感じかな。だって、いまどき、男だけで何週間も一緒に合宿している仕事なんてないよ。部外者も入ってきにくいんじゃないかな。

ただ、だからといって、一生つきあうわけじゃないし、どこかで関係を切らなきゃいけない。

一緒に風に吹かれたりすると、不思議な仲間意識が出てくるけれど、一方で、それが長く続くと、どこかつらくなってくる。つらくなってくるんですよ。どこかでパッと切らなきゃいけないね。

主役の演技について

――撮影所の休憩時間には何を考えていらっしゃいますか？

これからやる演技のことです。これから撮るシーン、これからのシチュエーション。いろいろな俳優さんとからむこと。

どうしようか、と。映画の現場はリングです。主役と言えども、食われないように演技しなきゃいけないんですよ、やっぱり。

主演だからいちばん長く映ります。主役がいちばん秒数が少ないということはあり得ない。そして、脇の人のことを考えないでいいわけじゃありません。

脇の人、少ししか露出しない人が目立つように、いろいろ自分の立ち位置や演技を考えるのが主役の役目だと僕は思っている。主役とは自分がやりたいように演技するわけじゃない。どこかそんな気がするんです。

脇の人、少ししか出ない人、でも、そういう人がぱーっと鮮やかに見えるように演技すると、それが主役の自分に返ってくる。映画ってそういうもんです。

――以前、『ディア・ハンター』（一九七八年）に出てくるロバート・デ・ニーロの演技が主役の演技だ、あれは機関車みたいな演技だと話されていたのを覚えてますか？

デ・ニーロの機関車の演技？　ああ、ありがとう。よく覚えている。

あの映画のデ・ニーロは機関車です。他の俳優さんを見事に引っ張っていた。脇にまわった人のことをよく見ていて、目で相手の演技を引っ張り出す。キャメラに映っていないときでもちゃんとそうやっているんだ。本人に会ったとき、「ケン、おまえもそうだろ」と言われたことがある。ただし、僕にそういう引っ張る演技ができるかどうかはまた別のことです。

――ちゃんとやっています。

ほめなくていいよ。主役の演技はなかなか難しいんだから。

――高倉さんは脇の演技もやったことはあるのですか？

うん、ある。目立ってやろうと思ってたんだ。あの頃は、銀歯入れたり、セリフをどもってみたり、わざと大げさな芝居をしたり。他人がやらないことをやればいいんだ。そうすれば誰でも目立つわけです。ただ、長くはやれないよ、それは。何度もやったら飽きられるし、共演者も嫌がるからね。

――では、高倉さんはいつごろから機関車みたいな演技ができるようになったのですか？

いやいや、できていませんよ。まだです。ほんとだよ。
ただ、気づいたことはあるんだ。
まわりのみんなが気持ちよくできるように演技では気をつかわなきゃいけないんだなって。人が速く動くところは自分はゆっくりと動く。速く動かなきゃいけない人をより速く見せるようにする。
殺陣《たて》で速く動いている人に対抗して自分も速く動いたら、それはちょっと芝居ではなくなるんじゃないか。それは単なる競技ですよ。

——俳優になりたい人はいまのような話をもっと聞きたいと思います。高倉ファンだって聞きたい。

絵のなかには俳優同士、俳優とスタッフに信頼感があるかないかが表れます。いちばん出ますよ。それは観客がいちばんよくわかっている。

——ロケの現場で小林稔侍さんと『夜叉』の続編だと言いながら、ふたりで演技をしていたのを見ました。あれ、もう少し、続けてほしかったです。

ああ、見てたんだ。『夜叉』で、オレが稔侍を殴るシーンの続きね。ふたりで遊びでやっていたんですよ。『夜叉』のあそこはいい絵だった。稔侍がいい芝居をしたんだ。信頼関係が出たシーンってああいう絵のことを言うんですよ。

《『鉄道員ぽっぽや』のロケでのこと。

降旗監督、高倉さん、小林稔侍さんがコーヒーを飲みながら、立ち話をしていたときである。

小林さんが突然、「あにき、許してくれようー、オレは知らなかったんだよう。矢島に言われたから、オレは」とセリフをしゃべり、高倉さんに向かって、「勘弁してくれよ」と両手で拝む動作をした。

笑ってみていた高倉さんは突然低いトーンでセリフをしゃべり始めた。「トシオ、おまえ、いつから矢島の子分になった」と目を見る。

小林さんは「許してくれよおー」と膝をつきかねない勢いだった。

きりっとした顔になった高倉さんは静かに言う。

「ダメだ。トシオ、ちょっとこい」と胸ぐらをつかんで……三秒後に笑って手を離した。

一九八五年の映画『夜叉』は昔、やくざだった男が日本海の港町で漁師になっていたのだが、そこにビートたけし扮する矢島という男が現れ、覚せい剤を売るようになる。元の子分だったトシオ（小林稔侍）までが港町に現れ、高倉扮する修治はついに腰を上げるといったストーリーで、高倉健が小林稔侍を殴りつけるシーンは名場面だ。

ふたりはそれを知っていて、遊びでシーンの続きをやっていたのである。監督は降旗康男。降旗監督は黙って、にやにやしながらふたりの遊びを見ていた。男だけの合宿で始まった遊びだった。》

真剣になった理由

――いつ頃から、演技を深く研究するようになったのですか？

演技について真剣に考えるようになったのは、東映を出て他の会社の仕事を始めてからです。『八甲田山』をやったり、『幸福の黄色いハンカチ』をやったり、それで、出会う監督やスタッフからいろいろ教わっているうちに、それまでよりさらに深く考えるようになりました。

あとは映画館へ行って、観客で満員だったときね。

「こんなにオレのことを見に来ているのに、いまのような下手な演技でいいんだろうか」

そりゃ真剣に考えましたよ。最後まで映画を見ていられなかった。

東映にいるときは、思えば縁側でひなたぼっこをしてるような感じですよ。毎日、毎日同じスタッフですし、違う組についたとしても、全員、顔を知ったスタッフでしょう。会社だって、僕が心地よくなるスタッフをつけますよ。だからこそ東映から出て外の風に当たらなきゃいけないと思ったんだけど……。

演技はいろいろなスタッフとやることだよ。監督さんによっても違う。キャメラ、音声さんも違う。そういう人たちと話しながら、自分の演技をみつけていったんだと思う。

気を入れた演技

――撮影に入ってから、高倉さんは毎日、ドリップコーヒー、ケーキ、アンパンなどをみなさんに差し入れていました。そして、みなさんが食べるのを見ていて、とても嬉しそうな顔をされてました。

そうですか、僕は嬉しそうな顔してましたか？　よく見てるね。そんなところ見なくてもいいのに。これからはちゃんと演技を見てください。

（スタッフ、共演者の）ご機嫌はとってます、相当、気はつかっています。なるべく金品で歓心を買おうとしてます（笑）。ちょっといやしいところも出ています（笑）。

ただ、差し入れはするけれど、気はなかなか渡さないようにしておかないと。ガタッといっちゃうんだよ。気を取られてしまうと、俳優は潰れるから。

難しいところでね。でも、気を入れないと自分が満足しないし……。映画の共同作業って難しいですよ。

今回、広末（涼子）さんに気をつかってあげないといけないと思った。僕だけが思ってたんじゃないよ。スタッフにも言ったんだ。

「広末みたいな才能のある人が、映画をやめられないようにしないとな」って。

撮影、映画の楽しさを教えてあげないとね。僕が伝えようと思っているのは映画の楽しさだ。そうでないと、映画はダメになってしまう。

――俳優の安藤（政信）さんはつねに高倉さんが出るシーンを見学しに来ていました。

いいねえ。僕は彼と必ずまた仕事をすると思いますよ。なんかガッチリ組んだものをあいつとやってみたいなって。

安藤くんは僕が好きな芝居してますよ、目立たないけどね。目立たないで実力をずっと出してる。力のある、ずるい芝居をしてますよ。

安藤くんはみんなに気をつかっていたね。気をつかってないやつがどれほど気をつかってるような素振りをしても、それは素振りだから通じない。素振りがうまい俳優はいっぱいいるんですよ。気は本当につかわなきゃ通じないんじゃないかな。

――安藤さんはいつも撮影所にいました。

そういう積み重ねですよね。そういうのがやっぱり出てくるんです。何も準備しないでいきなりやって来たって、映画に溶け込めないでしょう。

広末さんも走っていたね。幼いですよ、まだまだ。経験も少ないし、年齢的にも若い。でも、走っていた。薬師丸（ひろ子）さん、宮沢りえさんもそうだった。走ってました。走ってるやつが好きです。なんでもしてあげたくなる、走ってるやつを見ると、いいなあと思うんです。

――走っているというのは？　ほんとに走ってるんですか、撮影所のなかを？

あのね、野地くん……（苦笑）。ほんとうに撮影所をドタバタ走ってるという意味じゃないよ（笑）。気が入っているってこと。絵には走ってる人しか映らないんですよ。絵に残るのは気が入ったやつだけ。キャメラマンだって、気が入っている俳優を撮りたいんだから。

気とは一生懸命さとはちょっと違うんだ。たとえば、僕は昔の方がむしろ一生懸命だった。でも、からまわりしていた。映画に気が映っていなかった。

何が変わったのかねえ。人にやっぱり気をもらってるということを感じるようになってからかな。自分の気で自分が動くんじゃなくて、人の気をもらうから自分が動ける。

昔は好きな女ができて、こいつのためにとか、そういうのが動機だった。いまは、そうじゃないんだ。自分がよしと思える企画に出ること。

それ以外に、気をもらえる現場に行きたいという思いがある。気をもらうと、鳥肌が立ちます。思わず我を忘れてしまう。ただね、あんまり気を入れてもダメなんだ。それだとやっぱり終わったあと傷つくから……。

スタッフの隠し技

もうすぐ撮影は終わるけれど、降旗監督もキャメラの大ちゃん（木村大作）も、音声の紅さんも美術の連中もみんな、隠し技を持っていて、試写のときまで、自分の技がわからないようにしてある。試写を見たときに、僕に「あっ」って言わせたいんだよ。だから、紅さんが現場で僕に聞かせる音は、違う音じゃないかと疑っているんだ。

さっき、ちょっと聞かせてもらったけれど、車輪がレールの上を走る音とか、マイナス二〇度のときの靴がきゅっきゅっと鳴る音とか……。紅さん、すごい音を録ってるんだ。冷たいレールの音もよかったし。そういう技をそれぞれが持っているんですよ。それを試写のときまで誰にも言わない。映画を見て、音声のすごさがわかる。

恥ずかしいけれど、今回はほんとによく泣いた。芝居しながら泣いたし、スタッフのおかげで泣いた。ただ仕事してるだけなのに、珍しいくらい泣いた。これ以上は泣きたくないから、気合を入れないように、入れないようにってずいぶん頑張ったけれど、なかなかねえ。それにしても不思議な台本でしたね。

北海道でのロケの経験は多いんだ、僕は。ふと思うと北海道の人は、なぜかみんな

GIANNI AMELIO
LAMERICA
HARRISON FORD
CLEAR
PRESENT
DANGER

泣くんだよ。僕らは撮影隊だから、ホテルの人、地元の人は顔を知っている。普通のスキー客よりも長くいるから、わがままも言う。けれども、客である以上、いつかは帰るとわかっていて、それでも、北海道のホテルの人って必ず泣くんだよ。別れるときに盛大に泣く。

一方、京都の旅館の人は泣かない。僕は二〇年以上、一年の半分は京都の同じ旅館に泊まっていたんです。映画が終わって、どうもお世話になりましたって帰るんだけれど、京都の人は泣かない。絶対に泣かないね。

どっちがプロかというと難しい。プロは泣かないのかと言われればそうでもない。僕はどちらかといえば京都の人みたいに泣かない俳優だったんだけれど、今回は現場でこっそり泣きました。でも、京都の人も僕にわからないように、こっそり泣いていたのかもしれないね。

一年に一五本も撮っていたときは泣くどころじゃないんですよ。終わるのが切ないこともなかった。一本終わったら、「さあ、次行こう」ですから。

「感じた映画だけ出ていれば幸せじゃないか」毎月毎月やらされていた頃はそればかり考えていたのだけれど、長く映画に出ないのもそれはそれで疲れるんです。やっぱり、僕は贅沢でわがままな気性なんだね。

僕らは僕らにできる映画を作っていくしかない

きのう、おとといと時間ができて撮影の合間にだったから、ミミ・レダー監督の映画を二本、見てきました。『ピースメーカー』（一九九七年）、『ディープ・インパクト』（一九九八年）。映画館じゃありません。ＤＶＤでしたけれど。ミミ・レダーはいい監督ですよ。

日本映画はつくづく金をかけられないなあと観ていて、悲しい気持ちになった。……ロシアが廃棄するはずだった核弾頭をテロリストが奪い、それを取り戻すというストーリーだけれど、時代を先取りしているんだよ。現在（一九九九年）、テロリストの存在が世界を脅かすようになっているでしょう。いまのＣＮＮのニュースを見ながら、二年前の作品を見ても、ちっとも古くなっていない。ニコール・キッドマンがよかったね。

でも、日本映画がテロリストを扱うといっても、こんな派手な映画にはできないんですよ。それは予算の規模が違うから。アクションひとつやるのだって、車を壊すことができない。だから、何か違う形で観客のボディを打つ映画を作らなくちゃいけないんだ、僕らは。

僕らは僕らにできる映画を作っていくしかない。それしかないんだ。でも、アメリカはすごいよ。いやあ、参ったと思った。時代の気分を絵にしているんだって。いまタバコを吸ってるやつが出てきたら、もうそいつは悪役だとわかるでしょう。ヒーローがタバコを吸う時代じゃないんだ。それと、主役の配分だ。昔だと、男が七人とか、ふたりの男だけが主役とかいった男だけの映画ができる。しかし、いまは主役を男と女で、イーブンのウエートにしないといけないんでしょうね。ニコール・キッドマンも主役を支える女性の役じゃなくて、一緒になって走りまわったり、ドンパチやったりする。もうそういうふうになってるんですよ。全部、計算されている。アメリカ映画を見ていると、いまの傾向とか、これからのことがわかる。

III
日本一の俳優になったとき

降旗康男
（映画監督）

＊降旗康男監督インタビュー

降旗康男監督とは二〇年間に数え切れないくらいインタビューした。ここにあるのはまだ高倉さんが亡くなる前のもの、そして、亡くなった後のものだ。降旗さんは高倉さんのことを唯一、「健さん」と言う人だ。友人、身近な人は「健さん」とは呼ばない。「高倉さん」あるいは「だんな」と呼ぶ。親しい人たちのなかで降旗さんだけが「健さん」と呼ぶ。これは高倉さんがそう呼ばれることを許容しているということになる。

初めて会ったとき

健さんの方が僕より三歳年上（一九三一年生まれ）です。東映に入社したのも健さんの方が先（一九五五年）でした。初めて僕が助監督でついたのは、美空ひばり主演の『青い海原』（一九五七年）。「港町十三番地」っていう歌、知ってるでしょう？　あれが劇中歌でした。ヒットした映画で、ひばりちゃんの恋人役が春日八郎。健さんは春日さんの敵役です。

初めて会ったとき、背が高くて美男子だけど、役者としてはあまりリアリティがない人だなあと……。スターになる可能性はあるだろうけど、役者としてやっていけるかどうかはわからない……。それが健さんの第一印象でした。

当時、東映大泉の撮影所で大きなバジェットの作品は今井正さん、山本薩夫さん、内田叶夢さんといったリアリズムの巨匠監督が撮っていました。京都撮影所は片岡千恵蔵さん、市川右太衛門さんといったチャンバラのシャシンが大きな予算でしたね。

撮影所の首脳としては健さんを東映大泉の巨匠たちに使ってほしかったんだけど、誰もやらなかった。巨匠が気に入った若手俳優とは江原真二郎であり、今井健二だった。だから、健さんとしてはデビューしてから内心、腐っていたところがあると思うんです。

内田叶夢さんの『森と湖のまつり』に出てから、健さんは変わったと言われていますけれど、どうでしょう？　あの映画のアイヌの青年の役って、ほんのちょい役ですからね。

東映の宣伝は「高倉健は大泉の新しいパーソナリティーだ」と吹聴しましたが、なかなかうまくいかなかった。

健さんが抜擢されたといえる作品は内田さんの『飢餓海峡』（一九六五年）でしょう。

吐夢さんは三國連太郎と張り合う役に健さんを起用したわけです。叶夢さんとしては、なんとしてでも健さんに頑張ってもらわなきゃならなかった。いろいろ指導したり、説教したりしたそうです。

「健坊、ちょっと来い」と健さんを誘って、ステージの大戸に向かって連れションしながら説経したとご子息から聞いたことがある。健さんとしてはその頃までは鬱々としていたのでしょう。

ひばりちゃんの相手役が長かったわけだから、映画に出ていると、彼女から誘われる。横浜の自宅に連れていかれて、お父さんの握った寿司をごちそうになって……。要するにひばりちゃんからバンを掛けられていた（ナンパされていた）。健さんはバンを払いのけて帰りたい。しかし、ひばりちゃんのお父さんは引き留める。一方、僕は、夕方の光で撮るオープンセットに間に合うように健さんを大泉に連れていかなきゃいけない……。

「すみません、撮影です」と、健さんをその場から救い出すのが僕の役でした。会社のロケーションの車に乗って、横浜から練馬の大泉まで健さんを連れていくわけですから、車中でいろいろな話をするようになる。親しくなったのはあれがきっかけでした。まだ第三京浜が全線開通していない時代の話です。

やはり『日本侠客伝』だった。

健さんの演技が変わったと感じたのは『日本侠客伝』（一九六四年よりシリーズ化）です。存在感が出たということでしょうね、やっぱり。

俳優にとっては存在感は大切です。そりゃ、なくてもやっている人はいます。しかし、スターになるには容姿端麗なだけでは無理。共演者やスタッフが存在感を覚えるようでなくてはスターにはなれません。

そして、存在感は訓練で出てくるものではない。

どうでしょうね、覚悟かな。

ここでしか生きていくことができない、あるいは、ここでダメだったら、去らなければならない。そういう覚悟をしたとき、初めて存在感が出てくる。

デビューした頃の健さんは、美貌と肉体では周りからぬきんでていたわけですから、覚悟も何も要らなかったのでしょう。それが今井君、江原君が主役として先に行ってしまっている。何とかしなければならないと思ったとき、やっと覚悟が出てきた。『日本侠客伝』の主役をやるとき、健さんとしては、一度、東映と対立して主役を降りた

（中村）錦之助さんと、そして健さんがやるのなら相手役をやって手助けすると申し出た錦之助さんの友情に負けるわけにはいかなかった。役者としての対決に追い込まれて、開き直って人間としても俳優としても、素敵なメタモルフォーゼ（変身）をしたんだと思います。

覚悟なしでもうまいところまで行く人もいるとは思うんですけど、でも、しょせん、そこまででしょうね。俳優に限らず、どんな世界でも覚悟のある人とない人では、仕事の質が違うんじゃないでしょうか。

三木のり平に負けた健さん

健さんが存在感があるからといって、すべての芝居で相手役を食ったわけではありません。たとえば『あ・うん』（一九八九年）では健さんは完全に食われてます。おでん屋のシーンで、三木のり平さん、三谷昇さんで芝居をしたところ。あの場面はのり平さんのひとり舞台でした。ただ、主役の健さんとしては、脇役に食われてもいいシチュエーションなんです。そこで、本当に食われたのが健さんの健さんたるゆえんです。僕はよかったと思う。あの場面では健さんは素人になって、のり平さんの演技に見とれていました。あの後、ひとこと言っていましたよ。

「のり平さんにはもう、かないませんよ」

その後、僕は新宿のバーでのり平さんと一緒になったことがあるんです。のり平さんが行きつけのバーでした。

「監督、あのときはすみません。天下の高倉健と共演だから、オレも緊張しちゃって……」のり平さんはそう言ってました。

健さんは気が合っている人と芝居をするのが好きでした。奈良岡（朋子）さん、田中（裕子）さん、ビートたけしさん、のり平さんがそうでした。伝わるもののある演技と、「なんとなくやっている」という演技の違いには、非常に敏感な人なんでしょうね。

催眠術

東映時代のことです。あるとき、撮影所のなかで催眠術が流行ったことがあった。丹波（哲郎）さんがみんなに催眠術を手ほどきして、いちばん上達したのが健さんで、以後、若手の俳優やスタッフに催眠術をかけていましたね。

「『本番』という声を聞いたら、『人生劇場』を歌いたくなる」なんてことを照明の助手を相手にして術をかけるわけです。

照明の助手という仕事はつねに睡眠不足だから、居眠りしていることが多い。助監督が「本番」と叫ぶ。みんな、シーンとなる。そこで術にかかった照明の助手が「やーると思えばどこまでやるさ」って歌いだす。監督はかんかんになって怒る。助手にとっては相手は健さんでしょう。催眠術にかかったふりをしたところもあったと思いますよ。

健さん、催眠術をかけるのは上手ですよ。『鉄道員ぽっぽや』で広末（涼子）さんと共演したとき、セットの隅でふたりでリハーサルをしていた。広末さんに術をかけて自信をつけてあげるわけです。彼女だけじゃないですよ、スタッフやエキストラにも催眠術をかける。あれで撮影がうまくいくところもありました。

食べる演技

『冬の華』（一九七八年）でトーストを食べるシーンがあります。倉本（聰）さんの脚本にはただ「食べる」と書いてあっただけでしたけれど、パンにジャムを二度塗るというのは健さんが工夫した演技でした。

「刑務所を出てきたばかりの男が欲しいのは甘いものだ」という。『幸福の黄色いハンカチ』に出たとき、健さんが刑務所から出てきた人から話を聞いたことがあった。そのときの話から思いついた演技でした。あの映画ではラーメンとカツ丼をかっ込んで食べた。『冬の華』ではトーストだった。だから、ジャムを塗りなおす演技に変えた。食べるシーンをやるのは好きだったと思います。

ただ、健さんは食べているようで食べていない。『鉄道員（ぽっぽや）』のときでも、お節の重箱から黒豆を取ってひとつ食べただけ。セリフがあるところで食べることはやっていない。食べたように見せている。健さんは義歯なんです。差し歯、です。『神戸国際ギャング』（一九七五年）で怪我をして、歯を差し歯にしていた。気がついていた人はおそらくいないでしょうが。

あと、健さんは芝居のやり直しに文句を言わない人だった。

「もう一度、お願いします」と頼むと、「はい」と言って、演技をする。素直にやるタイプでした。

誰とは言えないけれど、なかには「どこが悪かったか言ってください」って、なかなか納得してくれない人もいる。不満が蓄積されていて、そういう言葉が出てくるのでしょうけれど、こちらとしては、「見ているといまひとつだから、もう一度やりましょうよ」って言うしかない。

僕は撮影でモニターを見たことがないんです。現実の役者の演技を見ているんです。リハーサルから役者の芝居を見ていて、本番ではキャメラが狙うポイントを変えたりするからです。

「あの役者がいい顔をしていたから、アップでいこう」とか……。

ところが、モニターだけを見ていると、役者の芝居がわからない。いまの演出者は役者の芝居の質よりも、どういう画面になったかに気がいっているからでしょうか。モニターを通して演技を見る人の方が多いようですね。本来、画面を作るのはキャメラマンの仕事でしたが、いまはキャメラマンの仕事が減って、監督の仕事の範囲が広くなったということでしょうか。

高倉健の技術

『冬の華』で健さんがチンピラと立ち回りをするシーンがあります。殴った後、チンピラの顔を靴で踏みつけるシーンで、「あんな危険なことをやっていいのか」と言われたこともある。でも、あれ、ギャッカイなんだよ。フィルムの逆回転。

踏んでいるように見えるけれど、実際は反対の動きなんです。踏みつけて、ひねりつぶしたところから、足をぱっと上げる。新しい技術ではありません。古い技術です。実際に顔をぺしゃんこにするわけにいかないから、ちょっと力を加えて、顔をゆがめたところから撮り始める。ギャッカイの演技は、もうできる人はいないでしょうね。やれと言えばやれるのでしょうけれど、そんなことしなくともいい時代ですから。いくらでもCGで撮ることができる。健さんはそういう伝統的な技術に合わせた演技ができる人でした。もういませんよ、あんな人は。

Ⅳ
世界が認めた「名優の人間力」

KEN TAKAKURA
LAST INTERVIEWS

『単騎、千里を走る。』は中国では二〇〇五年末、日本では二〇〇六年初めに公開された。

題名は『三国志演義』のなかの関羽が曹操の下から、旧主である劉備へ奔《はし》ったことから取ったもの。

物語は、漁師の父親（高倉健）が、民俗学者だった息子（中井貴一）が中国の仮面劇の役者と交わした約束を果たすために、単身、中国へ渡り、苦労を重ねるロードムービーである。

わたしはロケが終わった直後、雲南省の麗江へ行き、出演者のひとりである中国人ガイド、チューリンの案内で取材をした。そして、帰ってきてから高倉さんに二時間、インタビューした。ロケを見学できなかったのは『単騎、千里を走る。』という映画のタイトルどおり、中国ロケに行くならば単騎で行くのがいい、と高倉本人が決めたからだ。

そのため、ついていったのはスタイリストの高橋匡子さん、ヘアーメイクの佐藤智子さんだけだった。

巨匠チャン・イーモウの作品に高倉健が出るというので、前評判は高かったのだが、日本での観客動員は期待に反したものだった。しかし、中国では「高倉健をスクリーンで見たい」客が押し寄せたという。

この映画について、わたしは『プレジデント』誌（二〇〇六年二月一三日号）で、次の文章を書いた。ただ、雑誌に載ったものは非常に短いものだ。ここにあるのは長いバージョンである。

「フェイチャンガオシン（非常高興）」

二〇〇五年秋、東京国際映画祭の記者会見場でのことだった。

高倉健が会見の冒頭、中国語で「非常高興」と感想を洩らしたら、出席していた多数の中国人記者はうおっと叫んで拍手喝采した。つられて日本の記者、リポーターも拍手を送った。

「非常高興」とは、私はとても嬉しかったという意味である。

チャン・イーモウ監督の映画『単騎、千里を走る。』に出演した高倉健は感想を中国語ひとことで表現した。中国語を上手に発音した彼の機転で、その場の雰囲気は和やかなものになった。

『単騎、千里を走る。』を企画、監督した張芸謀は一九八七年『紅いコーリャン』で監督デビューし、続いて『活きる』（一九九四年）、『初恋のきた道』（一九九九年）と話題作を発表。『HERO』（二〇〇二年）、『LOVERS』（二〇〇四年）と世界的なヒットを連発している。アジアを代表する映画監督だ。

チャン監督はこの映画を企画したきっかけをこう話している。

「少し長い話になってもいいですか？

一にも二にも高倉健さんです。三〇年前のこと、私は『君よ憤怒の河を渉れ』（中国でのタイトル「追捕」）という映画を観ました。私がまだ北京映画学院に入る前のことです。その映画での高倉健さんのイメージとは、非常に孤独で、静かな佇まい、そういうものでした。強烈な印象を受けました。

高倉さんの独特の魅力を私の映画のなかにも表現したい、なるべく言葉も少なめにしたい、孤独感を出したいと思いました。自分が若いときのアイドルである高倉健のイメージをそのままにしたいなという思いがあったのです。

高倉さんは少なくとも私の心のなかでは、ずっと神様のような存在です。

ふたたび『君よ憤怒の河を渉れ』という映画の話になりますが、その映画は中国全土で大ヒットしました。一〇億人に感動を与え、一〇億人が心を打たれた映画でした。

その後のことです。中国の大学の演技学部、映画学院では「高倉健モデル演技」というものが生み出され、流行ったのです。

一九七〇年代から八〇年代の初め頃にかけてのことでした。誰もが寡黙になり、孤独を募らせた演技をしたものです。私自身、高倉健さんの真似をして、日常生活でもあまりしゃべらないようにしました。洋服、髪型も真似ました。コートの襟を立てて歩き、人とあまりしゃべらないようにしました。高倉さんは私が非常に尊敬する、敬服すべき俳優です。少年時代に影響を与えてくれた方で、今日になってもイメージはまったく変わっていません。その高倉さんとの仕事です。私こそ非常高興でした」

監督は脚本の執筆と出演の交渉に六年をかけたと言った。出演者とスタッフは二〇〇四年秋から撮影に入り、完成したのは翌年である。中国全土では〇五年末に先行公開され、大ヒットを記録した。

作品の見どころ

見どころはいくつもある。なんといっても興味深いのは高倉健をのぞく出演者がすべて現地、雲南省に暮らす一般市民から選ばれたことだろう。

高倉健は自分の芝居をするだけでなく、プロの役者として映画全体を引っ張っていく役割を果たさなくてはならない。プロと素人の演技がいかに画面で融合しているか、それを見るのも楽しみのひとつだ。

物語はいわゆるロードムービーである。中国語をひとことも理解しない主人公が題名にもあるように、ひとりで（単騎）雲南省の麗江にやってくる。そこで、苦労を重ねながら、いつしか現地の人々と心を通じ合わせていく。雲南省の美しい風景のなかに人々の笑顔、悲しみ、怒りの表情が描かれている。


二〇〇五年の末、私はロケを行った雲南省麗江市を訪れ、素人俳優たちに会ってきた。麗江市は中国の西南部にあり、ミャンマーとの国境にも近い。旧市街地は麗江古城と呼ばれ、瓦を連ねた町並みが印象的な観光地だ。そこは世界遺産にも登録されており、世界中から観光客がやってくる。

わたしが会ったのは素人俳優のなかでも高倉健とのシーンが多かった三人である。それぞれ大スターとの共演をどう感じたのか？

まずは通訳兼ガイド役のチューリン、三三歳（当時）。本職もまた麗江市の観光ガイドだ。

「高倉さんは神秘的な俳優で、ひとこともしゃべらない人だと思っていました。ところが実際に会った高倉さんは親切で、よくしゃべる人でした。

NGを連発する私を元気づけてくれ、しかも、顔までマッサージしてくれました。神秘の人でなく、やさしい人だとわかりました」

ふたりめは劇中で民族劇『単騎、千里を走る。』を踊る役の李加民。五二歳（当時）。彼の役は子役、ヤン・ジェンボーの父親役でもある。酒に酔って暴力沙汰を起こし、刑務所に収容されている役で、刑務所内で高倉健扮する主人公のために舞踊を踊る。役作りのために実際に刑務所に入所体験をしたという。いつもは麗江の近郊で農業に励む、普通のおじさんだ。彼の家を訪ねて話を聞いたのだけれど、自宅のまわりには野菜畑と鶏を飼う鶏舎があった。俳優というよりも、きっすいの農民だ。ひっきりなしにタバコを吸う人だ。

李加民の話である。

「高倉さんと一緒に芝居をしました。しかし、高倉さんの反応については何も覚えていません。自分の演技に精いっぱいだったから、他人のことを考えている余裕などなかったのです。それくらい、チャン監督からは厳しく指導されました。自分のことしか考えられなかった。

ただ、自慢できるのは高倉さんをじっと見つめるシーンです。そこでは私の方が迫力があった。高倉さんの方が先に目をそらした。演技では負けていなかったと思います」

演技はにらめっこではない。しかし、李加民は「高倉健に勝った」と言った。それが彼の自慢だった。

次は、李加民の子どもの役をやったヤン・ジェンボー君、九歳（当時）。高倉健と一緒に道に迷い、一晩を過ごしたシーンがある。

「監督から、高倉さんはすごくエライ人だ、神様だと聞いていました。でも、コワい人じゃなかった。高倉のおじさんはキャンディや帽子をくれた。今度の映画に出て、僕は将来、俳優になることにしました。アクション映画に出る俳優になりたい」

それぞれの感想は「高倉健は言葉は通じなかったけれど、やさしく接してくれた」というものだった。

そして、高倉が気を配った相手は共演者だけではなかった。彼は自分の出演シーンでなくとも撮影を見守り、現場スタッフと同じテーブルを囲んだ。お茶を飲み、食事をし、映画について議論をした。彼はひとりの俳優としてロケに参加していたのではない。民間の外交官として活躍していたともいえる。それは日本の外務大臣や中国に駐在する日本大使が中国で活動したことよりも、はるかに大きな仕事ではないか。

「はるかに大きな仕事ではないか」という最後の文をあらためて読んで、わたしはこの感想は間違っていないと感じている。高倉健ほど中国の庶民から好意を寄せられた日本人はいない。亡くなった後、いつもは日本のことを非難する中国外務省の報道官が「弔意を表します」と頭を下げた。日本人のなかで高倉健だけがそういうことを可能にした。

素人との共演

＊高倉健本人へのインタビュー

――チャン監督の映画は素人を起用して演技をさせます。『単騎、千里を走る。』でも同様の方法でした。高倉さんは素人との共演に面食らわれることはありませんでしたか？

僕も戸惑いましたし、相手も困っていたようでした。とくに最初のうちは。

プロ同士なら演技を合わせることができます。主役がいちばんいい状態のときに脇役が間合いを計ってくれたりもします。しかし、相手が素人、子ども、動物だと、気をつかわなければいけないのはこちらになる。

ただ、相手を食うとか食われるとかなんてことは考えませんでした。素人がいちばんいい演技をしそうなときに、呼吸を合わせるしかなかった。こっちがいちばんいいときに何かをやってもらうなんてことは期待できないでしょう。我慢強くつきあうという演技が必要になってくる。

（チャン）監督から特に指示はなかったんです。ただ、旗を見せるという重要なシーンがあったのですが、そのときだけは撮影と録音のスタッフだけを残して、あとは全部、外に出していましたね。そのシーンを撮影した場所は、スタッフ全員が宿泊していた一棟のアパートメントだったんだけれど、一室で撮影するために、他の部屋にいた人間まで外に出した。アパートのすべての部屋を空にしたんだ。そして、アパートメントの一室を、主人公の僕が泊まっていたビジネスホテルに改装したわけです。

そこまでしたのは、監督の采配です。

「高倉さんの気持ちが高まるまで、何時間でも待ちます。静かな環境にするために、スタッフは全員、外に出しました」

まあ、そこまでやる人ですよ、チャン監督は。粘り強い人です。ＯＫを出すまで、何度でも演技させるしね。

チャン監督はこの映画を撮る前に降旗（康男監督）さんに聞きに行ったようです。降旗さんは今回、日本での撮影シーンの監督をやってますから。

「高倉さんからいい演技を引き出すには何をすればいいか？」

降旗監督の答えはあとで聞きました。

「健さんは何度も粘って撮るよりも、気が立ち上がってくるのを待って、一度で押さえた方がいい」

チャン監督は降旗さんのアドバイスに従ったようです。私のシーンではあまり粘ることはなかった。

チャン監督の気配り

日本、アメリカ、中国と映画に出たけれど、撮影現場の食事は中国がいちばんおいしかった。僕自身、中華料理が好きということもあるけれど、現場にレストランができたようなものだった。なにしろ、コックさんを一〇人、北京から連れてきたというのだから。しかも、朝から深夜まで、すべて作り立ての食事だから温かい。中国映画の実力はそういうところに表れている。

『ブラック・レイン』（一九八九年）の撮影のときはバス一台でケータリングをやって、温かいものを出していたけれど、メニューはすべて西洋料理ばかりでしょう。中華料理の方が僕らには合いますよ。

食べものの話で言えば、ガイド役のチューリンがひとつだけ日本語を覚えたんだ。

「高倉さんはマーボードーフが好き」

そればかり日本語で言ってたね。

僕は最初のうちはいろいろな料理から選んでいたのだけれど、一〇日目からは、コックさんが僕が好きなものばかり作ってくれるようになりました。見事なもので、あれもチャン監督の気配りでしょう。現場で細かいところまで気をつかうのが映画監督なんだよ。

ただ、台本が毎日、変わることには最後まで慣れなかった。この映画のメイキング映像があるのだけれど、そこには台本を修正するための夜のミーティング風景が映っている。僕自身は次の日に備えて部屋に戻っていたのだけれど、スタッフは全員、居残って、打ち合わせ。撮影部だけでなく、録音、美術のスタッフまでみんなが集まって討論会を行う。それも明け方近くまで毎晩のように集まって、討論するのだから……。

たとえば、李加民が泣くシーンがあったでしょう。あまりに彼の泣きが強烈だったんです。洟を垂らして、わめいて……。その場では僕自身は彼の演技に感動しなかった。スクリーンに映ると汚さが伝わるんじゃないかと思っていたこともあって、僕自身の表情は懐疑的だった。すると、その夜のスタッフ討論会では、ちゃんとそこが話題になるわけです。

「高倉さんがやる主人公の表情が懐疑的だ。健さんは李加民の演技に感動していなかったんだ。このままの台本ではよくない。健さんの心理状態を反映したものに変えよう」

そうやって、撮影したものであっても、ワンシーンずつ議題に上げて、少しずつ変えていくわけです。みんな、寝ないで、激論を戦わせていた。チャン監督に聞いたら、「小津安二郎監督はそうやっていたんです」と言ってたね。小津監督の真似をしてスタッフ討論会を主催したらしい。ただ、彼が誰よりも小津監督が好きかといえばそうではなく、本当に好きなのは黒澤監督ですと言っていました。

そういうわけだから毎日、台本は変わります。夜のうちに変わって、次の日の撮影では新しいセリフをしゃべることになる。僕だけじゃありません。出演者みんな同じです。

『単騎、千里を走る。』公開前、インタヴューに応じてくれた。

僕自身、これまでにも台本が変わったり、台本ができるのが遅くて、セリフがわからないまま撮影に入るという体験はありました。しかし、毎日、あれだけ真剣にスタッフが討論していたのは初めてでした。

映画監督は自分に酔ってはいけない

この映画は中国版と日本版でラストシーンが違うのですが、そのふたつの他にもいくつものラストシーンを撮っているんです。けれども試写まで出演者は僕も含めて誰も見ていないから、どれが本当のラストがわからないんですよ。

ただ、撮影現場でやっているスタッフが感動したラストシーンがひとつあったんだ。チューリンが僕を村まで送って行ってくれる。そして、僕がチューリンに向かって「ありがとう、おまえのことは忘れないよ」って言う。小さい声でモノローグでつぶやくシーンです。スタッフが泣いたので、それを使うのかと思ったら、そうじゃなかった。

スタッフや出演者が「いいラストを撮ったのにどうしてあれを使わないんだ」と不満だったらしい。らしいというのは誰もチャン監督に面と向かって文句なんか言えないからね。他にもスタッフが感動したのに使っていない絵がいくつもある。

たとえば、映画に古い城が出てくるんだ。古城で夜間撮影をやり、犬がキャンキャンって鳴いてるのを僕が見ているシーンを撮った。また、刑務所へ行く許可をもらうのを待って、僕がたたずんでいるシーン、主人公である高田の息子（中井貴一）が好きだった麗江の工場の朝の通勤風景……、どれもいい絵なんですけれど、まったく使っていない。いいシーンでも、惜しげもなく切って捨てている。チャン監督自身がいい絵だと思っているのでさえ、惜しげもなく切っている。そこが監督の底力だと思った。

そう言えばチャン監督と話したとき、市川崑監督の持論を伝えたことがあります。

市川さんはこう言ってたんだ。

「えっ、健さん、監督をやるの？　本当に撮る気ならいちばん大事なことを教えてあげるよ。あのね、監督にとっていちばん大事なことは、自分自身が一秒でも長く見たいシーンをどのぐらい切れるかなんだ」

その話をチャン監督にしたら、その場で手を叩いて、「なるほど」って言ってたもの。チャン監督も市川監督も同じことをやっているわけだ。

どちらの監督がやっていることも、自己陶酔するなという戒めなんだよ。自分が見せたいところを全部残して上映したら、それは「自分に酔ってる」ことになる。映画監督は自分に酔っている意識をなくすことが重要だと、市川さんもチャン監督も言っているんじゃないかな。

でも、自分が気に入ったシーンを切るのは簡単じゃない。そういう意味でもふたりはすごい監督です。切るということは、いくらいいシーンでも一切、世に出ていかないわけだから。映画監督にとっては覚悟のいるやり方ですよ。本を書く人だって、自分が書いたいちばんいい場所を切るなんてことはなかなかできないでしょう。

四〇日間の滞在

『単騎、千里を走る。』という分不相応のタイトルの主演でしょう。タイトルのように、やはりたったひとりでロケへ行くべきなんだろう……。最初、僕はひとりで行くと言い張ったのですが、周りに「ダメです」と止められて、結局、スタイリスト、ヘアーメイクと三人で行きました。

今回の雲南省という場所は、一年中いつでも花が咲いていると言われる地域ですから、過酷な環境というわけではありませんでした。ただし、高度が二三〇〇メーター以上あり、空気が薄い。そして、乾燥している。最初の一〇日間は身体が適応していなくて、少しつらかった。あとは水かな。水が合わなかった。

最初は目がおかしくて……。強い紫外線と乾燥で目に傷ができて、それでもライトを見て、なるべく瞬きをしないようにしなきゃいけないでしょう。俳優ってのは健康にはよくない商売です。

四〇日間を無事に乗り切ったのはチャン監督、スタッフの気配りです。終わり頃になったら、楽しい旅をさせていただいたという気持ちになりました。

チャン監督との仕事を通して感じたのは映画は花のようなものだと。誰かが種をまかないと映画はできない。種をまく人がいなければ花は咲かない。僕たちはきれいな花を咲かせて大勢の人にそれを愛でてもらおうと努力をする。なおかつ花が咲いたら、それをケアする農民がいなければ美しさは続かない。映画はひとりで作るものではない。みんなで花を咲かせるものだ。

中国に行って、映画は時間のかかる芸術だなあと実感しました。実は初めてチャン監督と会ったのは一七年前なんです。亡くなった大映の徳間（康快）さんから紹介されました。すでに一七年ですからね、映画とはなかなか採算の合わない仕事だと思います。

通訳の必要性

今回、お願いした通訳の張（景生）さんにはお世話になりました。だいたい、僕らは相手役がしゃべっている中国語がわからないから、セリフを言うきっかけがつかめない。通訳がいなければお手上げです。

麗江に来た最初のうちは女性の通訳が付いていたのですが、チャン監督の現場は朝が早いし夜も遅い。ご主人とお子さんがいる方だったから、無理でした。それで日本に暮らしている張さんにお願いしたところ、彼が共演者のセリフだけでなく、監督が意図したところまですべてを通訳してくれた。実はそういうのが大事なんですよ。

通訳をやってくれた張さんに聞いた話です。張さんが中国で日本語を習ったときのテキストは、『君よ憤怒の河を渉れ』と『幸福の黄色いハンカチ』の脚本だったというんだ。だから、僕よりも、映画のセリフをよく知っていた。通訳をさせたら上手なはずだよ。セリフのこともよくわかっているんだから。

僕が張さんに言ったのは「どんな細かいことでも訳してくれ」と。とくにチャン監督が言ったことは、独り言でもプライベートな話でも何でも教えてほしいと伝えていました。

むしろ、彼が僕に言いたくないような話も通訳してくれと。これ、とても重要なことなんですよ。僕は俳優の能力とは、監督の言っている言葉をどう解釈するかだと思っています。自分が何かを発案するよりもまずその前に監督の意図を知ること。

映画は共同作業です。自分の個性を主張する場ではありません。まずは監督がいうことをちゃんと理解することなんです。

本当は日本人同士だって、通訳が要りますよ。監督が言ったことを理解していない俳優には通訳が補足してやる。

「あの監督があのとき言ったあの言葉はどういうことなんだろうな」

日本人同士でも本当は通訳がいたほうがいいんだ。監督と俳優のもめごとって、ひとり通訳がいたら問題にはならないと思う。黒澤監督と勝（新太郎）ちゃんのことだって、通訳がいれば、ああはなりませんよ。ただ、演劇学校ではそういうことは絶対に教えないね。

素人俳優の導き方

チャン監督の演出法はなかなかできるものではありません。今回の撮影では、懐が深いというか……。素人の俳優を導いていくのが上手でした。

たとえば、ガイド役のチューリン。彼が持っている不思議なかわいさがにじみ出てくるでしょう。ただの素人を選んでるわけじゃなくて、役に合う人をキャスティングしている。ただし、選んでからの訓練は過酷だよ。

セリフひとつとっても、ＯＫを出すまで何十回もしゃべらせる。チューリンはプロの俳優としてやっていくわけではないのだから、この一回しか出ない。それでも、チャン監督はチューリンのセリフや動作が、プロの俳優と一緒にやって恥ずかしくない程度にまで追い込んでいく。あれだけ過酷な訓練に耐えられる素人は何人もいません。

チューリンは最後になると、言葉をしぼり出していた。

言葉をしぼり出すようにしゃべるなんてことはプロの俳優でもなかなかできません。やっぱり、チャン監督の追い込み方が厳しいからなんだ。

チャン監督は自分が納得するまで、何度でもやらせる。チューリンに限らず、村長役の人、子役、じわじわ追い込んでいく。

お父さん役の李加民は役になりきるために、実際の刑務所に入れられて、なかで過ごしたらしい。日本じゃとてもそんなことできませんよ。中国でもチャン監督だからできたことでしょう。

素人のなかでは陳警官が上手だと思いました。彼は本当の警察官だし、しかもエリートだとのことです。本職だからといってすぐに俳優はできない。しかし、陳警官のような人なら、俳優としても自分なりの見せ場を作ることはできます。

彼は研究熱心でした。自分の出番だけでなく、撮影をいつも見学していましたし、僕が泊まっているホテルまで来て、演技についても質問をしていくんです。とても賢い人だという印象を受けました。

旗のシーンについて

本作のいちばんの見どころは高倉健扮する主人公が刑務所にいる民族劇の俳優（李加民）に会うために『刑務所に民間人は入れない』と言う警察官を説得するシーンだ。

主人公は中国語ができない。だから、考えた末にホテルの部屋でビデオを撮り、それを警察官に見せる。

　主人公は雲南省麗江名物の大きな旗に自分の気持ちを込めた一文字の漢字を刺繍して、それを見せる。旗にある文字で自分の気持ちを伝えるのだ。言葉ができない旅人がコミュニケートするために考え出した苦肉の策だが、それが観客のボディを打つ。


――今度の映画、心に残るセリフはありますか？


　映画の記者会見ではいつも聞かれるんだ。

「今回の映画で健さんが好きなせりふは何ですか？」

　よく聞かれるのですが、特にないんですよ。日常会話は自分の言葉だから、好きな言葉を選んでしゃべることができる。ところが、映画のセリフは脚本家と監督が作ったものです。嫌だなと思ってもしゃべらなければいけない。嫌な言葉でもしゃべる仕事が俳優なんです。それでメシを食ってる。

　野地ちゃんだって、ときには書きたくないものも書いて、メシ食ってるわけでしょう（笑）。

――いえいえ（苦笑）。決してそんなことはありません。

今回、セリフでこれが好きだというのはないけれど、漢字一文字で僕がすごいと思ったのは、「助」と感謝の「謝」だね。そうです。あのシーンの旗に選んだ文字です。自分を助けてくれという意味で「助」を出し、助けてくれたら感謝するという意味で「謝」を出す。このふたつの文字を監督が選んだのだけれど、ひと目見て、これはすごいと思った。旗の文字の意味は深い。あの意味はすごく深い。

漢字が持つ迫力。一字ですべてを語る。あのアイデアもいいしね。あれはなかなか出てこないアイデアですよ。あそこのシーンについてはチャン監督が「脚本家たちが知恵を絞った」と言ってました。

いいアイデアだけれど、ただ、僕らは漢字圏だから、文字を見て、どきっとする。でも、英語圏の人たちはどう感じるのだろう。何かが伝わるとは思うけれど、僕らとは感じ方が違うだろうね。

映画のタイトルだって、僕らは見ただけでなんとなく意味がわかる。『単騎、千里を走る。』――誰かがひとりで馬に乗って、どこかへ行く物語だな、旅の話だなとわかる。だから漢字という文字で意味が伝わる。

僕はあの旗のシーンでいちばん、うるうるしたんです。麗江へ行ってまだ間もない頃の撮影でした。僕はここで泣いてはまずいと思って、涙はこらえたけれど、うるうるした感情はキャメラにとらえられています。

チャン監督はあのときにすごく喜んでました。

「高倉さん、いただきました」って言ってたらしい。通訳の人からそう聞いた。

僕の感情を引き出したのは監督です。チャン監督はこのシーンの直後、スタッフを集めて「この映画はもう大丈夫だ。安心した」と語ったとのことです。

このインタビューは『単騎、千里を走る。』の試写を見た後だった。インタビューに至る前に、編集者とわたしは麗江まで取材に行っている。

ここに書いた通り高倉さんと共演したチューリン、李加民、子役の三人に会って話を聞いた。五日間、麗江の撮影現場を歩いて回った。取材の帰りに高倉さんにお土産を買って帰ろうとなり、編集者とわたしが思いついたのが映画に出てきた旗だった。

わたしたちは「酔」という文字を刺繍した大きな旗を作ってもらって、日本まで持って帰ってきたのである。高倉さんの演技に酔いしれたという意味をこめたつもりだった。そして、インタビューの終わりに、映画のシーンを真似して旗を見せたら、高

著者と編集部がプレゼントした旗を持って記念撮影してくれた。

倉さんは笑った。笑った後、黙って手を合わせて、旗を見ていた。

中国で感じたこと

――中国ロケで得たものは何でしたか？

四〇日間の旅を通じて、強く感じたことは、人に思いを伝える方法とは何かということでした。あの旗もそうだし、言葉だけじゃないんだな、というのは、中国のスタッフが僕に対して伝えてくれた思いの強さなんだ。人に優しさを伝えるということは、ものを買って贈り物をするとか、そういうことじゃないんだよ。

やっぱり、心が伝わってきた。中国には日本が失ったものが残っていると感じる毎日でした。思いの伝え方は、むしろあまり経済が発展しないほうが残るのかなあとも思ったんですよ。戦後六〇年（インタビュー当時）経って、日本が忘れてしまったものは多い。それを痛感しました。

撮影が終わり、日本に帰ってきて、テネシー・ウィリアムズという作家のインタビューの番組を見ていた。番組の最後に、キャスターがウィリアムズに質問したんです。

「あなたにとって幸せとはなんですか?」

どういう答えなのかなと思って見ていたら、彼はしばらく考えた後こう言いました。

「あるとき、人が人に感じる優しさ」

僕はまったく同感です。中国から帰ってきた直後だけにその言葉にしびれました。


――ありがとうございました。このインタビュー、せっかくですけれど、ほんの少ししかページがないんです。すみません……。四ページくらいかな、と。


あっそう。それなのに二時間もやったの? それで、もう二時間経った?

まあいいや。こういう、ああでもない、こうでもないという変なインタビューもあるんだね(笑)。旗、ありがとう。

そう、ひとつつけ加えたい。これ書かなくていいよ。話があちこちに飛んで悪いけど、この間、嶋宮(「すし善」社長)がとても喜んでいたよ。だって、『BRIO』(男性誌 光文社)のページをめくったら、嶋宮の話がえんえんと続いていて……。びっくりした。

僕は電話をかけて言ったんだよ、彼に。「嶋宮、雑誌の記事、よかったよ。もうスターだな」って。嶋宮は照れていたけど。「だんな、からかわないでください」って、何度も言うんだ。

でも、あの記事はほんとによかった。ありがとう。

V
だんなから習った「辛抱ばい」

嶋宮 勤
（「すし善」社長）

＊嶋宮勤さんインタビュー

札幌、銀座などに店舗を持つ江戸前寿司の店「すし善」。創業社長は昭和一八（一九四三）年、小樽生まれの嶋宮勤。中学を出て上京、都内の寿司店に勤務した後、二八歳で独立。札幌市内のすすきのに八坪の店を開く。以来、着実に店を増やし、後継者を育ててきた。

鮮魚が嫌いな高倉健だったが、なぜか「すし善」には通った。しかし、食べるものは火の通ったものばかり。嶋宮氏は尊敬する高倉健のためにステーキの寿司を握ったこともあったという。高倉健が愛した友人である。そして、わたしは彼のことを雑誌『ＢＲＩＯ』で書いた。光文社文庫になっている。

だんなのこと

僕らは高倉さんのことを「だんな」と呼んでいたんです。

「だんな、あけましておめでとうございます」

「だんな、お元気ですか？　いつ、札幌に来ますか？」

干支がちょうどひと回り違うし、同じ魚座でした。思い出はありすぎて、何から話していいのかわかりません。

初めて会ったというか見たのは一五歳。中学校三年生の卒業式の三日前。よく覚えているでしょう。僕の生まれ故郷の小樽に東映の映画館ができたんです。昭和三三（一九五八）年でした。開館のお祝いにデビュー二年目の新人、高倉健が舞台あいさつにやってきたわけです。僕は高倉健ファンでした。あの研ぎ澄まされた顔が好きだった。小樽の三月はまだ寒いですよ。でも、朝から行列に並んでいちばん前の席で見ました。司会が高倉健を紹介すると、全館の観客がわーわー言ってました。オレももちろんわーわー言った。そのときはそれで終わり。

あとで、だんなと親しくなってから、そのときのことを話したら、よく覚えていると言われました。

「あの後、花街に招待されて、おまえは好きな女を選んでいいと……。いや、そういうのはやめてくださいと断ったら、すごくしらけたのを覚えている」

そんなことを言っていました。

二度目は『駅 ＳＴＡＴＩＯＮ』（一九八一年）のちょっと前の話です。ある年、高倉さんがテレビ番組の企画で北海道ロケに来たんです。どうでしょう。僕が独立して、すすきのに小さな店を開いたのが昭和四六（一九七一）年。その五年後くらいかな。番組は野性の馬のドキュメントで脚本家の倉本聰さんが携わっていました。うちの店もその頃には何とか頑張っていて。札幌オリンピックまではいつつぶれてもおかしくないような状態で……。まあ、それはいいとして。

倉本さん、漁船の船長、そして、高倉さんと三人が突然、店に入ってきた。倉本さんはうちの店の常連でしたからね、倉本さんが連れてきてくださったんです。倉本さんはＮＨＫの大河ドラマ『勝海舟』を降板して、札幌に二年くらいいたことがある。倉本さんが富良野に行くのは昭和五二（一九七七）年だから、その前のことです。

それで、だんなが入ってきたんですよ。それはもう、びっくりしたも何も。話にならない。呆然として、何も言えないんだよ。顔を見ないようにして、寿司を握るだけさ。そしたら高倉さんは、あの通り真面目だから、「初めまして、高倉健です」。

いや、よくわかってるよ、あなたが高倉健だってことはよくわかってるよと思ったけど、本人には言えないし。黙って頭下げただけだった。でも、こみあげてくるんだよ、わーっと。小樽の映画館で見ましたって、言いたかったけど、そのときは何も言えないんだ。カウンターは一〇席で、満席だったの。他の客もみんな高倉健を見ているから、寿司を食うどころじゃないんだ。

確か『冬の華』の話をふたりでしていたんじゃないかな。あれは倉本さんの脚本だから。まだ企画中だったんだね。あれはとってもいい映画だよ。

それが僕と高倉さんとの初めての出会いです。それからはちょくちょく来ました。北海道のロケが多かったでしょう。『駅 STATION』のときはロケの間、毎日、来ていました。食べなくても、うちに寄っていました。『居酒屋兆治』(一九八三年)、『鉄道員 ぽっぽや』のときも。北海道にいるときは必ずうちに来るわけです。さもなければ僕と会うわけです。

どうして気に入ったのか、高倉さんはロケで一〇日間いたら一〇日間来るんです。あの人は魚を食べないから、赤貝と鮑くらいしか食べない。あとは食わないんだ。ほかのスタッフもほんとはジンギスカンやらサッポロビール園も行きたいだろうけれど、高倉さんが来るから一緒に付いてきて……。僕も出すものがなくなって困ったから、ステーキ屋から出前をしてもらったこともありますし、ステーキを握ったこともある。


——嶋宮さんは映画に出演されていますね。

はい、『駅 STATION』『鉄道員ぽっぽや』『ホタル』（二〇〇一年）。『駅 STATION』では刑事の役です。オタオタと出てくる刑事です。銀行強盗が立てこもるシーンで、札幌プリンスホテルの横にあるビルのなかで撮影したんです。佐藤慶さんが部長役で僕は下っ端。一生懸命、演技しても、キャメラの木村大作さんが「違う」って、怒るんだよ。何度も何度も走らされて、怒られて、もうへとへと。俳優ってのは大変な仕事だよ。ところが、高倉さんはパーッとやって、一回でおしまい。そりゃ、天下の高倉健だから、仕方ない。

映画に出るときは高倉さんから電話がかかってくるんですよ。「今度もよろしくな」って。『ホタル』では町長さんの役。奈良岡朋子さんが居酒屋のおかみさんで、僕が町長として、ごくろうさんって賞品をあげる。何かをあげるシーンなんだよ。表彰する。あれ、僕も全部、ギャラをもらっているんですよ。スクリーンに名前も出ますし。

歌を歌う俳優

平成四（一九九二）年に僕は札幌の郊外に本店を出したんです。きつねが出るような場所で、「すし善は終わった」と言われました。でも、郊外の静かな環境で正統派の寿司を出したかった。それでビルではなく、平屋の本店を作りました。開業した後、高倉さんから電話をもらいました。

「オレだけど。開店祝いに一曲歌うよ」

「えー」ってびっくりしました。あの高倉健が歌を歌ってくれるんだから……。聴いていたのは従業員だけでした。一曲かと思ったら、何から何まで、高倉さんの歌全部、歌ってくれました。「網走番外地」とか、「唐獅子牡丹」とか、そして、他の歌手の歌も歌ってくれました。歌はうまいというよりも、ドスの利いた声でした。


親しくなってからは高倉さんから、よく電話をもらうようになりました。どこが気に入られたのかわかりません。亡くなるまでよく電話をいただきました。

たいていはこうです。

「おまえ、何やってるんだ、いまは」

僕は答えます。

「だんな、何やってるって、オレ、いま寿司握ってます」

「そうか。それならいい。一生懸命やれよ」って。

そんな電話です。

一度、失敗したことがありました。

札幌へ来たら、空港まで迎えに行って、僕の車で喫茶店へ行ったり、ラーメンを食べに行ったりする。あるとき、競馬場の向かいの交差点の真ん中でガス欠になったんです。オレ、ガソリン入れるの忘れてて……。もう真っ青になって、車から降りて走ってガソリンを買いに行ったわけです。すると、高倉さんは車を出て、後ろに数珠つなぎになっている車を誘導するわけです。顔がばれると困るから野球帽をかぶって、下を向きながら、手で他の車に行け行けって。でも、みんなわかるんですよ。高倉さんがいるってことは。

車に乗ってる人たちは、あれっ、誰だ、どっかで見たことあるなと思うから、前へ行かない。車はますます数珠つなぎになって二〇台くらい動かない。渋滞はひどくなる。やっと、僕がガソリンを入れて、車が動き出したら、言われましたよ。

「嶋宮、おまえはオレを乗せるときぐらいガソリンをケチるんじゃないよ」って。

冗談の好きな人なんです。北海道の道路を走っていて、小学生が通学していると、車を止めて窓を開ける。

「やあ、小学生？」

「はい」

「おじさん、知ってるかい？」

「おじさん？　ぜんぜん知らない」

「そうか、おじさん、売れてないんだな。じゃあ、私は高倉健と言います。お父さん、お母さんによろしくね」

するると、小学生が言うんです。

「高倉健。んーどっかで、聞いたことあるな、おじさんの名前」

高倉さんは嬉しくなっちゃって、「そう、ありがとう。勉強するんだよ」って。ふたりでそんなことしながら北海道をドライブするんです。

そういえば、突然、電話がかかってきたことがあって、「これから札幌に行くから」って。声が沈んでいた。

空港に迎えに行ったら、「兄貴が死んだんだ」と。

「行かなくていいんですか？」

「いや、いいんだ。とにかくどこかへ行こう」

それから二日間、札幌市内をドライブしました。何をするわけでもない。コーヒーを飲んで、ラーメンを食べて。それだけでした。

演技に目覚めたきっかけ

僕は高倉さんの映画だと『網走番外地』（一九六五年よりシリーズ化）のようなやくざ映画が好きなんです。あとは『八甲田山』かな。

高倉さんから聞いたことがあるんです。

「嶋宮、オレは最初、東映でずっとやってただろ。どんな映画でも、全部、映画館へ見に行っていたんだ」

「どうしてですか」

そう聞いたんだ。

「劇場に行くと、全館、観客で一杯なんだ。ドアが閉まらないぐらい入っている。それで、いちばん後ろで立って見て、終わる寸前に出て帰ってくる。

オレさ、これでいいのかと悩んだんだよ。あんなに見てもらっていいのかなって。演技と言ったって、あんなもの演技じゃないんだよ。刺青してカッコよく動いたりしているけれど、演技でも何でもないんだ。まあ演技といったら演技だけど、でも、あれじゃダメだ。劇場で映画を見てて思ったんだよ。オレはこういうことじゃダメだと。

左から２番目が嶋宮氏。

なんか自分らしい自分のやりたい仕事をやらなきゃなって。それで東映をやめたんだ。そして、心に秘するものがあったから『八甲田山』に出た。三年くらい、まったく稼ぎがなくてさ。いやあ、オレもまいったよ」

そんなことをぽつぽつ語ってくれるわけです。

はい、わかりましたと僕も答えるわけです。高倉さんは嶋宮、金じゃないぞ、仕事を一生懸命やれ。心に残る、名人らしい仕事をしなきゃ意味ねえぞって。

いいことを言うんだ、これが。大の男ふたりがコーヒーを飲みながら。金じゃないぞって。だから、オレはいまでも夜は五時になったら白衣を着て、必ずつけ場に立ちます。本店に立っています、毎日やっています。四七年目ですけど。

田中邦衛と由利徹

高倉さんが好きな俳優って、何人もいるんです。インタビューだとジャン・ギャバン、ロバート・デ・ニーロと言っているけれど、日本の俳優だったら田中邦衛さんと由利徹さんじゃないかな。高倉さんはふたりと映画をやりたい、ほんと面白いんだっていっつも言っていました。

特に由利徹さん。由利さんは撮影が終わると、出演者を集めて自分自身の話をするらしい。その話がおかしくて、高倉さんだけでなく、みんな由利さんの話を聞くのが楽しみだったっていうんです。

尊敬している役者もいました。大滝秀治さん、笠智衆さん、志村喬さん。とっても尊敬していましたよ。よく教えてくれました。あの人たちは演技していないように見えるだろ。でも、あれは誰にもできないんだ。ああいう人間なんだ。すごい人なんだよって。演技じゃないんだ、あれは人間だって……。

そして、みんなユーモアがあると言うんですよ。笠智衆さんと共演した作品があって、撮影中、老人施設へ慰問に行ったそうです。出ている俳優がみんなで。

そうしたら、笠さんだけが施設に着いても、絶対にバスから降りない。頑として降りない。高倉さんがどうしてって、聞いたんだそうです。

「高倉さん、施設の人、老人っていうけれど、みんなオレより年下なんだよ。慰問どころじゃない。嫌だよ、そんなの。オレが降りないのわかるだろ」

笠さんは面白い人なんだって言っていた。高倉さんにとって映画は、勉強する場だったんでしょうね。

辛抱ばい

高倉さんが電話をかけてくる。話をして、こっちの声のトーンが悪かったら、気づくんです。勘がいい人だからね。

「嶋宮、何かあったのか」って聞いてくる。いろいろあったりするんだけれど、僕は「いえ、何もありません」と答える。

すると、ひとこと言うんです。

「嶋宮、辛抱ばい」

子どもの頃からお母さんに九州弁で辛抱ばいって、言われたんだそうです。辛抱ばいって。

「わかりました。辛抱します、頑張ります」

そう答えるしかないんですよ。

そうそう、僕ね、大晦日の除夜の鐘が鳴り終わると、だんなに必ず電話で新年のあいさつをするのが行事でした。携帯ですよ、もちろん。

電話すると、調子のいいときと悪いときがある。調子が悪いときは携帯に出ません。

そうしたら、留守電に「おめでとうございます」と入れておく。調子がいいときはこうです。

「おう、おめでとう。今年もよろしくな。みんな元気か、家族はどうしてるの?」って。「はい、おかげさまでみんな元気です」

「ああ、そうか。よかった、それはよかったな。じゃまた」

単純な新年のあいさつなんですよ。もうできないんですよ。もう、できない。高倉さんに電話するのが一年の始まりで、僕の仕事だったんだけどね。僕の仕事なんですよ。

オレもつらいことはありましたよ。つぶれそうになったことはないけど、それに近いことは何度もありました。オープンした頃、札幌オリンピックのときもダメだったしね。もうどうしようもなくて、困り果てていたらバブルが来て、ちょっとよくなった。そうしたら、今度は景気が悪くなってリーマンショックでしょう。その度に頭に浮かんだのは、「辛抱ばい」ってあの言葉です。「辛抱ばい」なんです。高倉さんから習ったことは、「辛抱ばい」だった。

特別扱いはするな

高倉さんは飲食店でも、どこでも特別扱いされるのは嫌な人です。他の人に出すネタと違うものを出したりしたら、とたんに不機嫌になる。高倉さんだけ特別なことをしなくていい。同じ値段で同じものを出す。

自分だけによくしてくれる人も好きじゃないし、そういう様子が嫌いなんです。本筋を外しちゃいけない。あの人は人を見抜くんです。あの人の前で嘘をついたり、ニコニコしてみたり、演技したってダメなの。絶対ダメなの。高倉さんの周りにいるスタッフを見ても、そうなんですよ。床屋の佐藤（英明）さんも、刀鍛冶の宮入（恵）さんも、みんな正しい人、真面目な人、立派な人なんです。

降旗監督はその典型です。だから、高倉さんが降旗さんを大好きだっていうのはよくわかります。オレは高倉さんがいちばん好きな人って、降旗さんだと思う。

ふたりを亡くした年

高倉健さんが亡くなったとき、僕は韓国の新羅ホテルに仕事で行っていた。新羅ホテルにも指導している店があるんです。床屋の佐藤さんから電話がかかってきて、高倉さんが亡くなったって。「えーっ、オレ、三日前にだんなからメールもらったばかりだよ」って言って。

ホントです。オレ、高倉さんが亡くなる三日前にメールをもらっているんです。後で聞いた話になりますが、養女の（小田）貴さんが代理で打ったと言ってました。

高倉さん、魚は食わないのに、オレが送ったししゃもとキンキを食べたんですよ。亡くなる一週間くらい前にキンキ送ったら、それを病院でほんの少しだけ食べて、「いや、これはうまいなあ」と言ったそうです。それで、嶋宮にメールを打ってくれみたいなことになったらしい。

「いつもありがとう、キンキおいしかった、ありがとう」

メールにそうありました。

……まさかその三日後に死ぬとは思わないでしょう。七日の日にメールが来て、一〇日に亡くなるわけです。

電話をもらって、床屋の佐藤さんと話しました。いったい、オレたちはどうすればいいんだろうって。葬儀やら何かの手配じゃないんです。オレたちはどうやってこの先、生きていこうかってことですよ。何を頼りに生きていくのか。まあ、結局は何も変わらないんですよ。自分は自分で生きていく。そうだと思うよ。大切な人が亡くなっても、みんな生きていかなきゃならないんだから。

高倉さんが亡くなったのが一一月一〇日。一か月後の一二月二三日に、娘婿で銀座店の店長をやっていた阿部が倒れた。娘と娘の子どもをふたり残して。まだ四九歳ですよ。阿部は店で倒れたんです。午後一一時過ぎにカウンターでね。掃除している最中にバタンと倒れたの。くも膜下出血で。若い衆が救急車を呼んで、聖路加《せいるか》国際病院に連れて行ったんですよ。救急車のなかで、阿部は若い衆に「おまえ、仕事忙しいからこのまま帰れ」と言ったらしいんですよ。だけど、病院に着いたらもう意識はなくて脳死状態だった。

医者はオレに「嶋宮さん、あと二、三日だ」って言うんですよ。脳死状態だから。だが、オレは言ったんですよ。

「すみません、阿部はずっとうちで働いてました。高校出て、ずっと。一二月の三一日は、あいつは毎年、必ず札幌へ来てオレを手伝うんです。あいつは三一日までは絶対に死にません。お願いです。生かしてやってください」

そうして願をかけたら、その通りに元旦に行っちゃった。四九です。東京に行ったのは一三年前だから三六歳だった。

高倉さんと娘婿が相次いでいなくなって……。でも、どうしてだろうね。オレは生きてるわけだから。生きてくしかないんだ。

高倉健は庶民だ

僕は高倉さんの優しいところしか見たことない。だんなは映画とは違って、ジョークを言いながら人を幸せにしたいなって気持ちを持っている人なんですよ。だから一言一言に愛がある。あの人は厳しいことも言うけれど、「おまえのためなんだ」から言うんです。

ひとつ、ほめられたことがあるんです。平成一一（一九九九）年、寿司業界の団体でワシントンへ行って、「桜祭り」の後のパーティで大勢の有名人たちに寿司を握ったことがあるんです。そのとき、記者会見で女性の記者から質問されたことがある。

「あなたの握る寿司と回転寿司とはいったい、どこが違うんですか？」

僕はそのとき、こう答えたんです。

「私の寿司はあなたのために握る寿司なんです」

目の前のあなたのために心を込めて握る寿司なんです、と。それ、記者会見で受けたんですけど、そのことを『ＢＲＩＯ』で読んだ高倉さんが「嶋宮、おまえ珍しくいいこと言ったってね。そのひとことはすばらしいぞ」って。

そうなんだ、みんな、「あなたのために」なんだよなって。みんな、仕事はそうやらなきゃいかんなって。そういう話をとっさにできるのはおまえが日常、カウンターで目の前のあなたのために仕事をしているからだ。だから質問に答えられるんだよって。

「嶋宮、それだ。それでいけっ」

高倉さんが僕に気合を入れるわけです。

高倉さんは「あなたのために」を非常に気に入っていました。その一言がすべてを表す、そこがすべてだって。

そして、高倉さんがその言葉通りの人なんです。ふたりで北海道の町を歩く。行く先の食べ物屋のおかみさん、下働きのおにいさん、うちへ来たら僕、子どもたち、食器洗いのおばちゃん、みんなに平等なんです。撮影所で見ていても、エキストラの人にも、吉永小百合さんにも平等。誰にでも自分から頭を下げて、高倉健ですとあいさつする。

あの人にとってはみんなお客さまです。映画を見てくれる人だから、みんなに平等に接する。

高倉健の映画を見てくれる人というのは庶民じゃないですか。地位のある人じゃない。偉い人だって見るけれど、主力は庶民です。だから庶民を大切にする。

高倉さんと一緒にラーメン屋に行くでしょう、食べ終わったら必ず「おばちゃん、おいしかったよ」と言う。そしたら、おばちゃんが出てくる。おばちゃんが「健さんと写真撮りたい」って言ったら、「おう、おばちゃん」って肩を組んで背中をさするんです。演技じゃない。庶民になっちゃう。芸能人であれができる人はなかなかいないですよ。僕は高倉健さんの他にそういう人に会ったことない。

映画は全部見ている

高倉さんはその人の姿が正しければ、誰でも愛してくれる人です。だからおばちゃんであろうが、偉い人であろうが、「あなたのために」という本筋の精神がある人が好き。そうでない人を嫌う。

映画俳優っていうのは大変な仕事ですよ。僕が町長の役で『ホタル』に出たとき、キャメラの木村大作さんから怒られました。

「嶋宮さん、あんたの役は町長だ。町長なんだから賞状を渡して帰るときには、来期も当選できるような顔つきで帰れっ」

そんなのわからないでしょ。でも、俳優はそう言われたらその通りにやるんだ。オレはできないけど、役者はやるらしい。高倉さんはずっとそれをやってきた。だから、映画を見ていると感心するんだよ。

オレは高倉さんから来いと言われたときしか行ってない。自分から行ったことは一度もない。高倉さんから声がかかったときは万難を排して行く。けれど、高倉さんから声がかからないときは行かない。ただ、映画は見る。『冬の華』はいいな。『駅 STATION』もいいと思う。『居酒屋兆治』も好きだ。

オレにとっての高倉さんは、映画とそれからやっぱり「辛抱ばい」だ。その言葉がずっとつきまとっている。

Ⅵ
冷に耐え、苦に耐え、煩に耐え
田中節夫
（元警察庁長官）

KEN TAKAKURA
LAST INTERVIEWS

＊田中節夫さんインタビュー

田中節夫さんは元警察庁長官（二〇〇〇〜二〇〇二年）。昭和一八（一九四三）年、福井県鯖江市に生まれ、県立武生《たけふ》高校から京都大学法学部に進んでいる。警察庁長官としては珍しく、交通畑の出身だ。

長官になった年、不祥事が続き、連日、国会に呼び出され、答弁に立った。連日の追及に対して誠実に答え、「私の責任です」と謝罪をした。ストレスのあまり、次長と刑事局長は倒れたが、田中さんは踏ん張った。そのため、いまも「鉄人長官」と呼ばれている。

さて、田中さんはこのインタビューに出てくるけれど、高倉健とたった一度しか会っていない。それなのに、ふたりは親しくなった。ふたりが交わした書簡は膨大な量に上っている。

「どうして、高倉さんはこんなにたくさんの手紙のやりとりをしたのだろうか？」

わたしは不思議に思っていたのだが、田中さんから自筆の手紙をいただいて、謎が解けた。

とにかく字がきれいなのだ。田中さんほど字が上手な人はいない。平成の空海と呼んでもいい。細い万年筆で便箋に書かれた文字は芸術でさえある。最初に手紙をもらったとき、女流歌人の筆跡ではないかと思った。しかも、文章がまた上手だ。夾雑物《きょうざつぶつ》や添加物のないオーガニックな文章である。

田中さんから手紙をいただくと、自分の字を恥じつつも、つい返信してしまう。それもこれも、田中さんの書いた文字が欲しいからだ。それほど田中さんの手紙は人を魅了する。きっと、高倉さんも同じ気持ちだったろう。

会ったのは一度きり

――初めて会ったのはいつでしたか？

高倉さんにお目にかかったのは長官になった年（二〇〇〇年）の二月でした。福岡市で開催された「銃器犯罪根絶の集い・福岡大会」のゲストスピーカーに来ていただいたんです。スピーカーにお願いしたのは私ではありません。全国の大会でしたから、誰か警察庁の担当者が決めたのでしょう。

高倉さんはちょうど『鉄道員 ぽっぽや』に出た頃でしたから、観客は多かった。

おかげで大会は大盛況でした。

――その筋の人も来ていましたか？

高倉さんはその筋の人にも人気があったとは思いますが、なにせ警察主催の銃器販売根絶の大会ですから、さすがに彼らは来ていなかったのではないかと思います。

講演が終わってごあいさつしたときが初対面で、あとにも先にも面と向かって話をしたのはそのときだけです。

高倉さんは大きな人物でした。包容力があって……。静かな感じで……。

こうおっしゃってくださいました。

「警察のキャンペーンで協力できることがあればやります。他にも俳優をご紹介します」

そう言っていただいて、実際に小林稔侍さんをご紹介いただいたこともありました。

実は私は、高倉さんの映画を見たことはお目にかかるまで、ほとんどなかったんです。任侠映画も見たことはなかった。

ああ、そうか。そういえば任侠映画は一度だけ見ています。昭和四一（一九六六）

年に警察庁に入庁して、三か月の研修を終えた後、京都府警に配属になりました。交番勤務の後、刑事をやったのです。ちょうど暴力団が賭博の開帳をして、私は捜査にあたりました。やったのは取り調べです。取り調べとは、こちらの方から「おまえ、こういうことをやったな」というのではありません。容疑者に「これこれこういうことをやりました」としゃべらせなくてはならない。

そのためには賭博というものの具体的なイメージが必要です。私は参考のために江波杏子さんが壺振りをしている任侠映画を見に行きました。そのときだけです、任侠映画を見たのは。

警察不祥事の時

福岡の講演から戻って、3月から5月頃までは警察不祥事で国会に呼び出されました。その年、7月に九州・沖縄サミットがあり、警察庁長官としては、そちらも対応しなければならなかった。激務の年でした。

不祥事は私が長官になる前に起こったものもあれば、長官在任時のものもありました。神奈川県で警察官が覚醒剤を使ったのを隠蔽した事件、桶川のストーカー殺人事件、新潟で九年間、監禁されていた少女が発見された際、関東管区警察局長と県警本部長が会食をしていたこと……。不祥事が積み重なったために連日、国会で答弁に立ったわけです。NHKのテレビでも放映されていましたから、おそらく高倉さんは私の顔色がよほど悪いと思ったのでしょう。

「大丈夫か？」

手紙をいただきました。そのなかに言葉がありました。

「冷に耐え　苦に耐え　煩に耐え　閑に堪え
激せず　躁《さわ》がず　競わず　随《したが》わず
以って大事を為すべし」

中国、清の時代末期の政治家、曽国藩《そうこくはん》の座右の銘です。その言葉が心にしみました。他に、サイン入りの色紙、バルサミコ酢もいただきました。うちの家内は高倉さんのバルサミコ酢を「もったいない」と言いながら、料理に使っていました。家内も私も大感激でした。高倉さんやみなさんの応援のおかげで、あのときの警察不祥事を乗り切ったと思っています。

それ以降、高倉さんとは手紙のやりとりが続きました。私は自分の万年筆で書きます。高倉さんの手紙はワープロで、末尾に「高倉健」と署名が入る。男らしい風格のある文字です。

あるとき、「高倉さんと一緒に映画を作る夢を見ました」と書いたんです。すると、すぐに返事がきました。

「長官、今度、僕の映画に出てください」

いやいや、それは無理ですよとまた返信しましたが、でも、ちょっとは出てみたかった気もします。

母親と弟のこと

私は福井県の鯖江で生まれました。父は市役所の職員です。母は主婦。弟がふたりの三人兄弟で、豊かではなかったけれど、幸せな少年時代でした。ところが、小学校五年のとき、いちばん下の弟を亡くしました。弟はまだ五歳。急性脳脊髄膜炎でした。元気に遊んでいたのが突然、熱を出して痙攣症状が出ました。そのまま一か月間、昏睡状態が続き、ついに帰ってこなかった。母はとても悲しみました。すると、次の年のことでした。今度は母が亡くなったのです。妊娠していたので、お腹の子どもと一緒に亡くなりました。夜中のことでしたね。弟と母を続けて失い、少年時代は精神的には厳しかったです。

その後、父は再婚するのですが、まったく不器用な親父でした。子どもに対する愛情をどうやって表していいのか、わからなかったのでしょう。それでも父は私ともうひとりの弟を愛してくれました。しかし、表現の仕方がわからないのです……。

思い出します。受験で京都大学へ行く前日の晩のことでした。父は素直に「頑張ってこい」と言えない。

風呂を沸かしていたところ、父が村田英雄の「王将」（一九六一年）を歌う声が聞こえてきたのです。

「明日は東京に出ていくからは
なにがなんでも勝たねばならぬ
空に灯がつく通天閣に
おれの闘志がまた燃える……」

焚口に座っていた私はジッと聴いていました。

要するに、受験を頑張れってことだな、と。

そんなことを高倉さんに手紙で書いたら、ご本人から連絡があり、「田中さんの手紙のことを雑誌に書いてもいいか」って。

はい、結構ですとお答えしました。

次の文章がそれです。


「――親しきから知る、親子の想い――

先日、ある親しい方から、雑誌に寄せたコラムに対する感想を封書でいただきました。

私はその手紙を何度も何度も読み返しました。

何故かこみ上げるものがあり、お会いしたことのない、この方の父親の横顔を、そして、〝昔の父の大きさ〟にそっと触れたような、温かな気持ちになりました。

その後、東京に出られたこの方は、
日本を代表する職責を務め上げられました。

親子が互いの想いを受け止め合う。
現在、最も大切なことではないだろうか。

高倉健」

（『ザ テレビジョン』日本生命一二〇周年企画ページより）

人生には人間の力ではなんともできないことがあるんです。私はそう思います。高倉さんもよくわかっていらっしゃることですけれど。

Ⅶ 大好きだった日本刀の話

宮入 恵
（刀工）

＊高倉さんへのインタビュー。刀剣に関すること

――先日、東京国立博物館に行って、日本刀の展示を見てきました。高倉さんのおっしゃった通り、武器ではありません。日本刀は美術品です。さて、あまりに唐突ですけれど、高倉さんが日本刀を好きになったきっかけは何でしたか？

俳優になった頃かな。最初の刀は父がくれました。その後、父の友人で福岡の親分が鎧と刀を送ってくれた。とてもいい刀でした。以来、何本か買ったりしたこともあるけれど、いまでは（宮入）恵ちゃんが打ってくれたものばかりですね。

そう、東京国立博物館では大包平《おおかねひら》を見たって？

注　大包平　国宝　刃長89・2cm、反り3・5cm、元幅3・7cm　古備前派の刀工　包平作　制作年代は平安時代末期、一二世紀。一般の日本刀の刃の長さは二尺二寸から二尺四寸で70cmほど。大包平を見ると、まず長さに驚く。昔の日本人は身長も低かったはずなのに、どうして、これほど長い刀を振りまわすことができたのだろうかと思ってしまう。

――はい、大包平を見てきました。あんなに大きな刀とは思いませんでした。絶句しました。

あれほどの古刀は世界であそこにしかない。それは見ておくべきだよ。昔の日本人が作った傑作だから。あれ一本しか残っていないんだ。人に聞いたのだけれど、大包平はボストン美術館が所蔵しようとしたのを、国が慌てて買い戻したらしい。

僕も何度か見ているけれど、足が止まるよ、ほんとに。レンブラントの絵も好きだけれど、日本刀はまた別のものだ。だって、大包平は一〇〇〇年近くも前のものでしょう。

まったく完成されている。僕は鉄砲も好きだけれど、同じ鉄の塊でも、鉄砲には刀ほどの気は感じない。刀の方がはるかに感じるものがある。

鉄砲を見に行ったことがずいぶんあるんです。芸術品の鉄砲です。フランス、ポーランド、イギリス、イタリアのすごいといわれるものを見たけれど、刀に感じるたたずまいはなかった。

そして、美しいだけでなく、大包平は切れる刀です。三つ胴、二つ胴を切れるといわれている。胴体(江戸時代、処刑された罪人のもの)を三つ重ねたものも切れるという意味ですが、それほどの切れ味がある刀でも、見ていて、怖いとは思わないでしょう。

俳優になってから、刀を買い、剣道のけいこもしました。道場を持っている講談社の方にも教わりました。

その方は、居合をやる刀を打ってもらうのに自分の身長を伝えて、刀の長さ、重さ、振りやすいバランスまで、注文を出すそうです。洋服のオーダーどころの話じゃありません。そういう方にお目にかかることができたのも俳優だったからです。そうでなければとても会える方ではなかった。

*宮入恵さんインタビュー

宮入恵。昭和三二（一九五七）年生まれ。長野県坂城《さかき》町で日本刀を打っている。刀工としての名のりは宮入小左衛門行平《こざえもんゆきひら》。曾祖父の名前「小左衛門」と父の名前「行平」を併せて使っている。

日本刀のサイト「平成名刀会」には彼の作品について、次のように記されている。

「平成一二年には、新作名刀展無鑑査に認定されました。（平成九年に作刀された刀は）刃文は難しいとされる焼幅の浅い湾《のた》れ乱れになり、小沸《こにえ》がよく付き、（中略）地沸・地景が見所です。切先伸びごころの姿は志津を彷彿とさせる趣きがあり、また彫金師の柳村宗寿氏による『草の倶利伽羅』と梵字の彫りが、より一層本作品の美しさを引き立てています」

無鑑査とは過去の実績があるので、審査がなくても出展できる人ということだ。また、ここに書かれている刀剣用語の日本語は難しい。しかし、内容はといえば、宮入恵は個性のある刀を打ち、しかもその刀は美しいということだ。ちなみに、高倉健は大量の日本刀に関する文献を持っていた。彼なら上記の文章をすらすらと読んで、かつ、意味をつかめただろう。

宮入氏とわたしは同じ年齢だ。しかし、彼の方がはるかに大人である。風格がある。わたしは高倉さんから彼を紹介された。すると、共通の友人がいることがわかり、わたしと宮入氏は親しくなった。

共通の友人とはユーミンのバックバンドでギターを弾いている市川祥治氏。それで、わたしたちふたりが会うと、必ず高倉さんとユーミンの話になる。

「宮入さん、刀工でかつユーミンファンというのは珍しいのでは？」

「野地さん、刀を打っているからといって、詩吟や民謡が好きなわけじゃありません。ばりばりのロックも聴きます」

現代は刀工がロックを聴く時代なのである。

二〇一五年の秋には宮入さんが企画した展覧会が行われた。場所は坂城町「鉄の展示館」である。「高倉健さんからの贈りもの」と題されたもので、ご本人が集めていた日本刀、書籍、資料等、高倉さん逝去後、親族により寄贈されたものが展示され、日本中からファンが集まってきた。高倉さんは坂城町の町おこしにも貢献したのである。

現在、高倉さん旧蔵の日本刀、資料はすべて坂城町「鉄の展示館」が管理している。

変わらない人

亡くなったいま、あらためて高倉さんを思い出しています。何よりも感じるのは、あの人はスクリーンに映っているときと、そこにいる本物がまったく変わらないこと。虚像と実像がこれほど近い人っていないんじゃないでしょうか。

最初にお目にかかったのは、映画でいえば、『四十七人の刺客』（一九九四年）が公開された年です。

ただ、それより二年前には電話で話をしたことがありました。声を聞いたときが正真正銘の初めての出会いかもしれません。

話せば長くなるのですけれど、僕の同級生が原宿で「ラブラドールリトリーバー」という犬のマークの洋服屋をやっていたんです。高倉さんはそこに通って洋服を買っていた。そして同級生と高倉さんはずいぶんと親しくしていたようで、ある日、そいつが僕のことを高倉さんに話した。

「僕は長野出身だけど、実は同級生に刀鍛冶がいるんです」と。

「長野？　もしかしたら、それ、宮入って人じゃない？」

実は、高倉さんは僕の親父が打った刀が好きで、親父に会いたかったらしいんです。ただ、その頃にはすでに親父は亡くなっていましたから、高倉さんとは会っていません。それでも高倉さんは人に頼んで、親父の打った刀を手に入れようとした。それで、宮入という名前を知っていたんです。ご存じのように、高倉さんはずいぶん前から日本刀を集めていましたから。

高倉さんって、そういうところがある人なんです。すべて縁なんです。昔、僕の親父の刀が好きだったから、僕に会いたいと思った。ずっと親父のことを思っていたと言っていました。縁の人です。

縁と出会いがなければ絶対その先に進まない。ただし、一本、糸がつながったらすぐに行動を起こす。高倉さんと僕の友人が話した後、すぐご本人から電話をいただき

ました。それが平成四（一九九二）年です。忘れていません。

うちの玄関に置いてある電話が鳴ったから出てみたら、「俳優の高倉です」。「えっ」でした。何も言えません。

次の言葉が、「いま、しみじみとご縁を感じています」。それから、いろんな話をしてくれて。面白いなと思ったのはいきなり僕のことを、恵ちゃん、恵ちゃんと呼び始めて……。

どうして恵ちゃんなのかなと思ったりして……。きっと映画の世界は「ちゃん」なんですよ。野地さんも、「野地ちゃん」だったでしょう？　ちゃんが付くと、それはファミリーになった証拠なんです。

リラックスした姿を見た

長野の自宅においでいただいたのは平成六（一九九四）年でした。「アサヒグラフ」の取材です。『四十七人の刺客』の仕事が終わり、もう一回、そのことを振り返るという仕事で、どこへ行こうかといったとき、「宮入のところへ行こう」となったようでした。

電話で話した後、東京で一度会い、お目にかかったのはそのときが二度目でした。でも、まったくそういう気がしないんですよ。もう全部、許してくれちゃうような、包容力というのか、懐が広いというのか……。だから、うちの子どもたちもすぐに高倉さんに懐いてしまいました。

うちには刀を打つ道場があります。印象的だったのは道場に入ってきて、すぐに神棚に向かって拝礼し、手を合わせていたことです。道場に入る人は何人もいるのですけれど、すぐに神棚に向かったのは高倉さんくらいのものです。道場では、実際に僕が刀を打っているところをじーっと見ていました。集中していました。

そのとき、高倉さん、うちに二日間も来たんです。初日はうちに来た後、近くにある霊泉寺温泉というひなびた湯治場に泊まり、二日目はうちの庭でみんなで食事をしました。家内が作った田舎料理です。おでん、芋の煮っ転がし、山菜の天ぷら。あと、おそばです。高倉さんが好きだと聞いたので、近くのそば屋から買ってきたものをゆでて出しました。のんびりした昼の食事でしたね。

庭にテーブルを出して、ぽかぽかした日で……。高倉さんが言うんです。

「恵ちゃん、なんかのんびりするな、ここは。そう、こういう時間の流れ方って、ポルトガルだよな」

どうやら、長野はポルトガルらしいんですよ。よくわからないけど。晴れていたからですかねえ。確かにゆっくりした時間の流れを感じました。

食事の後、ふたりで近所に散歩に出たら、また高倉さんが言うんです。

「恵ちゃん、やっぱり、いいところだな、ここは。スイスみたいな気がする」って。何にもない殺風景な田舎の道なんですけれど、スイスらしい……。

普通の人がポルトガルだ、スイスみたいだと言うと、「何、気取ってんだ」と言いたくなりますけれど、高倉さんの言葉になると、おお、そうか、僕が住んでいるところはスイスなのかって。嬉しくなっちゃうんです。

刀工の仕事

うちに来たとき、高倉さんはご自分の気に入っている刀を持ってきて、「こういうイメージで新しい刀を作ってほしい」とおっしゃった。それで刀を打ちました。できあがったのは翌年です。平成七（一九九五）年でした。

――刀一本を打つのってどのくらいの時間がかかるのですか？

まあ一年はかかります。

それでも早い方じゃないかな。あのとき、僕は急いで作ったのかもしれない。かなり積極的に仕事していた時期ですし。刀工になって一五〜一六年目のことだから、刀を打ちたくて打ちたくてたまらなかった。毎日、仕事をしていました。同時並行で年に一〇本が目標だった時期です。いまも仕事は一日中やっています。朝は八時半から夜は午後六時まで。昼休みが一時間。息抜きはしますけれど、あとはずっと仕事です。

考えている時間もあります。ただデザインを描くことはありません。頭のなかにイメージしています。イメージしたものがぽこんと卵が割れるようにできるときと、手が勝手に動いちゃうときとがある。その両方を僕は大事にしています。

——高倉さんは、宮入さんに刀鍛冶の仕事についてどういうことを聞いたのですか?

高倉さんて、基本的には何も聞かない人です。感じたことをしゃべるだけ。それが高倉健です。あの人の周りにはいろいろな方がいらっしゃると思うのですが、高倉さんに向かって話す人はまずいないでしょう。高倉さんにとっては、そういうのは迷惑なだけじゃないでしょうか。僕はそう思う。

高倉さんて、自分が感じたものをどんどん蓄積していって、それでどこかで一気にばーっと吐き出す。そして、また新しいものを注入していくことを繰り返しているのでしょう。だから、その時々で興味のあるものが変わる。つきあう人も変わる。遠くから見ていると、絶えず変わっていますよね。あの人に、こちらの生きざまなんかをとうとうと話したら、嫌がって、すーっと離れていくと思います。

高倉さんの刀の見方は直感的です。刀に限らず、美術品でも人間でも直感で判断しています。一瞬にして、見た印象をぱっと言う。それが本質とそうはずれていない。ですから、打った刀を見せて「ああ、恵ちゃん、今回のこれ、美しいね」と言われると、いちばんほっとします。

弟だと感じていたようです

一度、うちにいらしてからは、しょっちゅういらっしゃるようになりました。自分から言うのもおかしなことですけれど、僕に会いたかったのだと思います。亡くなった後、そう聞きました。ありがたいと思います。年齢では二六歳違うから、親子といってもおかしくはない。でも、高倉さんのことを親父だと言ったら、怒られたんじゃないかな。

うちにいらっしゃるときはいずれもお忍びでした。善光寺にお参りに行くときか帰りが多かった。坂城にある高速のパーキングで待ち合わせをして、時間があるときは、僕もお供をしました。「うちで飯でも食いませんか」とお誘いしても、もうさっさと帰っちゃう。でも、それでいいんですね。待っている人がいたんです。

亡くなって初めてわかったのですけれど、高倉さんは刀だけでなく、刀剣の書籍をそれこそ一〇〇冊近くも所蔵していました。すべて読破した跡があります。その書籍なんですが、いまはもう売っていない豪華本ばかり。刀剣も刀、槍の穂先、矢じりなど合わせると八振りになります。刀と書籍を合わせて高倉コレクションといえるほどの立派なものです。

刀の値段

刀の値段は僕が自分で決めます。ただ、百貨店でも扱っていますから、その価格とギャップがないように決める。

――一振り、バサッと言って、お幾らですか？

長い刀で、三〇〇万円弱です。高倉さんに買っていただいたものはこしらえと刀身とで、大体二〇〇〇万円前後。

――消費税別？

いや、そんなことはしなかった（笑）。最初は、高倉さんにお金の話をするのが嫌でした。「恵ちゃん、お代は？」と聞かれても、「僕、ちょっと考えてないんです」って、なかなか金額を言い出せなかった。

そうしたら、怒られました。

「仕事をしたんだから、ちゃんと請求しなきゃダメだ」

高倉さんだからと安くはしていませんけれど、妥当性のある価格にしました。それでもなお僕が請求しなかったら、ジャケットの胸からぽっと封筒を出してホテルパシフィック東京（現在は閉鎖）のチーズケーキと一緒に渡してくれた。

それで、「お金は奥さんに」と付け加える。「これは、君にじゃないから。奥さんがいろいろ大変だからね」って。

僕が言いにくそうにしているのを見て、気をつかってくれる。

毎年買っていただいたわけでもないけれど、高倉さんは他の方に守り刀をプレゼントすることが多かった。チャン・イーモウ監督とか。「お守りにあげたいから、三本まとめて作ってくれ」

決して安いものじゃありません。小さいものでも、私は一流の刀職者に仕事の依頼をしていますから、安くはないです。

刀には小さなものでもこしらえが必要です。桐箱にも納めますし、登録書も必要です。登録書は県の教育委員会に現物を見せて取らなくてはならない。それも刀工の仕事です。登録書を取らないと、持ち運んだり、所持したりできません。

高倉さんは僕が貧乏しているとずっと思ったようです。お目にかかると、「恵ちゃん、何か欲しいものないのか」って聞かれる。

「いや、ないです、それは本当に、もう自分はとても満たされているし、何か品物で欲しいものはありません」

そう答えました。

高倉さんは嬉しそうな顔をしましたよ。

「恵ちゃん、君は幸せな生活を送っているんだ。そういうことだよ」

そのとき、僕はお金の話をしたんです。正直に言うと、お金はとても大切だと思う、お金はあると振りまわされるし、なくても振りまわされる。ほどほどにあるのが一番ではないでしょうか、と。

そうしたら、高倉さんがお金について、しゃべり始めました。

「恵ちゃん、オレは東映を出た後、日本の映画俳優で初めて映画会社、プロモーターと交渉したんだ。ハリウッドじゃ当たり前だけれどね。それまで映画会社にいいようにされていたので撮影の日程、ギャランティー、ビデオの権利について主張したら、徹底的に攻撃された。あの頃、映画に出なかったのは、実は干されたんだ。初めて話すけれど、ほんとだよ」

その後、こう言ってました。

「お金というのはつくづく大事なもので、自分のことは自分で守らなきゃいけない。主張しなければいけない」

いい話でした。

高倉さんが寂しそうにしたこと

そういえば一度、高倉さんに叱られたことがあるんです。

刀工として、ある雑誌に取材されることが決まったので、高倉さんに報告しました。喜んでいました。とてもいい雑誌じゃないか。それはよかったって。

それで、完成した雑誌を送ったら、いきなり電話がかかってきて、怒っているんです。

「何だ、これは」

〝恵ちゃん〟でもなければ、〝キミ〟でもなかった。父親みたいな口調で怒っていた。

「おまえの、宮入小左衛門行平のよさがひとつも出ていない。いいか、何でもほいほい出りゃいいってもんじゃないぞ」

文章もよくないし、写真の使い方もセンスがないって……。記事になる前に前もって確認しなきゃダメだよと。

自分を守るのは自分でしかないんだと強く言いたかったんだと思います。以後、僕は零細企業ながら自分の作品を大切にしています。自分のこともそうです。価格設定を含めて、本当に慎重に考えるようになりました。仕事とお金についての哲学は、高倉さんに教えてもらいました。

僕の年齢では高倉健の映画をあまり見ていません。亡くなってから初めて見たものがいくつもあります。特にやくざ映画は見なかった。まったく興味がなかったから……。

僕が見ていた映画は「北海道もの」ばっかり。若い頃、北海道の牧場で働いていたことがあるので、『遥かなる山の呼び声』（一九八〇年）、『幸福の黄色いハンカチ』『駅 STATION』『居酒屋兆治』は見ました。

すばらしい俳優です。でも、演技はわかりません。どこがいいかはわからない。見ていて、存在感がすごいなと感じるだけです。

やくざ映画は亡くなってから初めて見ました。見ていて、すごく後悔したことがあります。

――どうして後悔したのですか？

高倉さんにうんと失礼なことを言ってしまったんです。あるとき、やくざ映画の話になって、「僕はやくざ、大っ嫌いです」と言った。どうしてかといえば、刀工をしていると結構、やくざが売ってくれと来るんですよ。展覧会の会場に来たりもします。僕は基本的に嫌いなので、百貨店の人に相手をしてもらう。でも、僕自身が嫌いだという気を発しているんでしょうね、だから、やくざも来なくなる。

ただ、うちの業界には平気な人がいっぱいいるんですよ。何しろ買ってくれるわけですから。売った刀が何かに使われて事情聴取を受けたりする刀鍛冶もいる。

それで高倉さんに、「僕、やくざ、大っ嫌いです」って言ってしまった。そうしたら、ちょっと寂しそうな顔をしたんですね。その顔が忘れられません。

亡くなってから、やくざ映画を見てわかりました。高倉さんが演じていた人たちは、やくざではなく任侠道の人なんだって。

行政と密接に結びついて、行政が任侠の人たちを使って社会の安定を保った事実がある。そして、高倉さんが演じていた任侠の人は堅気ではなくとも、人間として外しちゃいけない約束事をちゃんと守っていた。

高倉健が戦うために出ていったのは、人間としての約束事を守らない人たちに対してだったんです。僕はそういうのをまったく理解していなくて、暴力団対策法の対象になるような人を演じていたのだとばかり解釈していた。
高倉さん、僕に何か言いたかったんじゃないかな。
「おまえ、いったい何を知っているんだ」くらいのことを。

Ⅷ

一度だけ怒鳴られたこと

山川雅生

（キャメラマン）

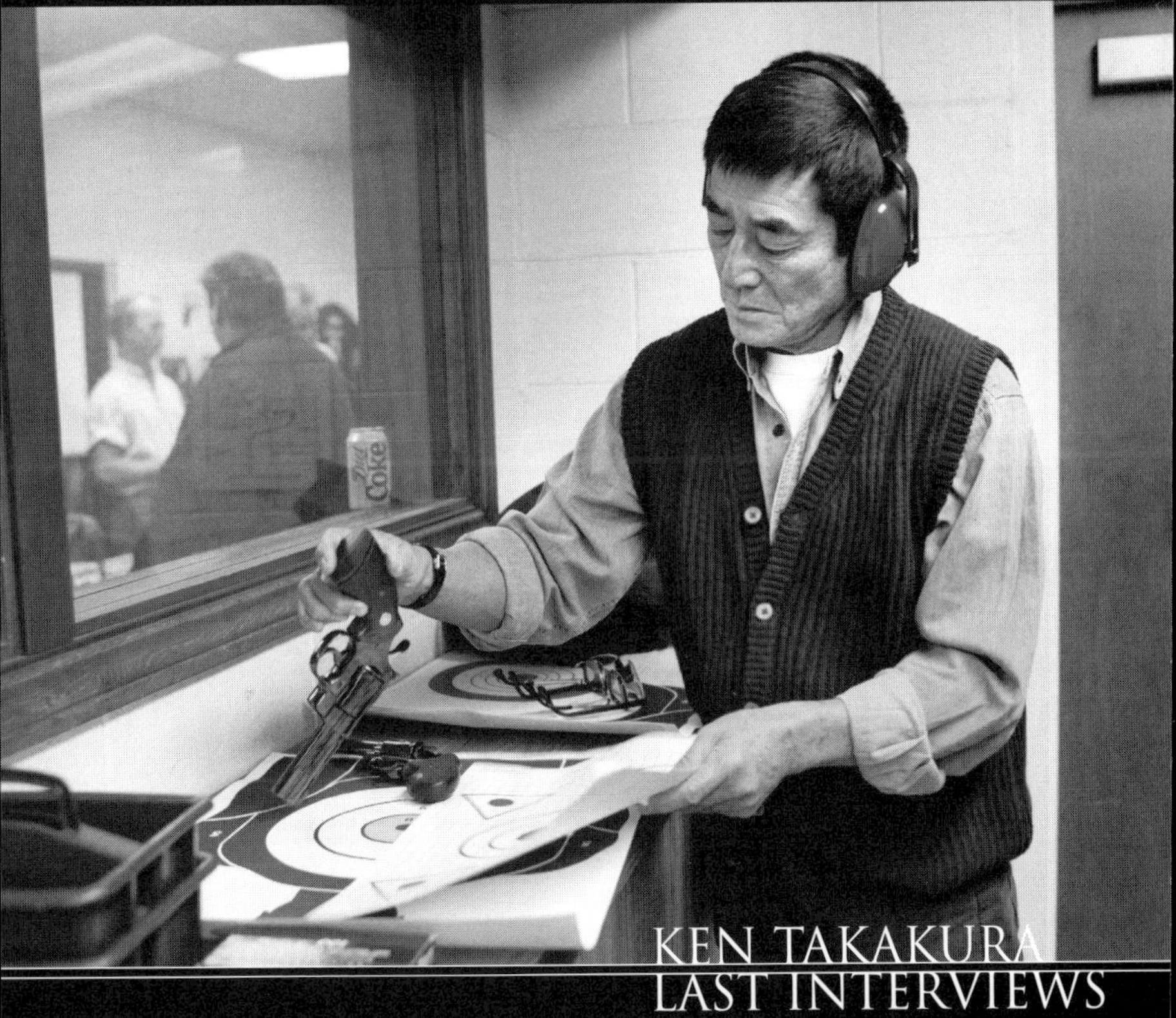

＊山川雅生さんインタビュー

完全密着

高倉さんと初めて会ったのは、『週刊文春』の企画で、撮影中の高倉さんを密着取材する仕事のときでした。

東宝の担当者に連れられて、撮影所でごあいさつしたのをよく覚えています。「キャメラマンの山川です。これからずっとそばに付いて撮りますので、よろしくお願いします」。そうしたら、高倉さんは直立不動で、「こちらこそよろしくお願いします」とおっしゃいました。それでとても緊張しましたね。

僕の生まれは和歌山県の串本。本州のいちばん南の端っこです。市内、町内には映画館もありましたが、僕らは公民館や学校の体育館で映画を観たことの方が多かった。高倉さんより石原裕次郎さんと小林旭さんの映画が多かった。子供料金が三〇円、五〇円で、公民館に幕を張って映写機で投影するんです。高倉さんの映画は公民館で見た印象が強いんですが、とにかく昭和を知っている人間にとっては高倉健は大スターですからね。本物の目の前に立ったときは、それは緊張しました。

高倉さんから声をかけてもらえるようになったのは『四十七人の刺客』からでした。僕は完全密着ですから、ロケにも撮影所にも毎日、通ったんです。高倉さんはそういうのをよく見ているんですよ。一か月以上過ぎたときに、「また来てるのか。おまえ、そんなに毎日来ると、クビになるぞ」って。

「こんなに毎日、来るやつは初めてだ」って。それが僕にとっては勲章ですよ。いちばん嬉しい言葉だった。「毎日来て、仕事は大丈夫か」って。

まあ、運がいいって言えば運がよかったのかも。高倉さん自身が「もう撮らせてもいいかな」っていう時期だったと思うんです。それまでは、「キャメラ向けるべからず」の人でしたから。スチール以外のオフショット写真はほぼなかったし、周りのスタッフも、「キャメラマンはダメです」って言っていたし……。僕みたいに、ご本人が食事しているところを撮ろうとしようものなら、大変な目に遭っていたんじゃないですかね。ところがたまたま僕は運がよくて、「山川、何撮ってもいいぞ」って。

でも、一度だけ、マジで怒られたことがあったんです。少しだけ怒られたことは何度もありましたが……。キャメラマンって、集中しちゃうとついつい近寄るでしょう。

よい写真が撮りたくなって周りのことが目に入らなくなる。あるCMを撮影していたとき、僕が近寄りすぎてしまった。そうしたら、高倉さんから「山川、邪魔になってるぞ」と怒鳴られました。周りの人はわからなかったと思います。

そうやって、マジで怒られると、もう近寄れないし、シャッター押せなくなっちゃうんですよ。なんといっても高倉さんですから。そのうち、遠くから撮るようになって、その後だんだん近寄って行くようにはなるんですけれど。

あるとき、高倉さんから、「山川、おまえ、今のオレ、撮ったよな」って言われて、「えぇ！ すみません。撮ってません」って答えたら、「なんで今のいいところ撮らないんだよ」って、もうムチャクチャです。それでお許しが出たと解釈して、また撮るようになりました。

あの言葉がなかったら……。その言葉で、すごいホッとしました。あの言葉を聞くまで、落ち込んでね。眠れないこともありました。

「山川、またな」

僕は他の芸能人も撮っていますけれど、高倉さんみたいに心に残る人はいません。

だいいち、あんなに完全密着した人はいません。撮影がはじまったら、とにかく毎日行きましたから。『四十七人の刺客』、『鉄道員ぽっぽや』(一九九九年)、『ホタル』(二〇〇一年)、毎日、行きました。『あなたへ』(二〇一二年)だけは行ってないです。記者会見と現場に一日行っただけです。『単騎、千里を走る。』(二〇〇六年)は中国での記者会見に行きました。

CM撮影はニューヨークからロス、ニューオーリンズまで。ベネチア映画祭も一緒に行きました。イタリアには雑誌の取材で一緒にあちこちドライブに行きました。『あなたへ』のときはとくに依頼がなかったから、行けなかったんです。だから、キャメラを持たずに、撮影現場にいきました。

「現場にご挨拶に行きたい」って、ご本人に言ったら、「山川、この日に記者会見があるから。そこに来いよ」って。記者会見の後も、高倉さんは待っててくれたんです。「山川が来るって言うから、ずっと待ってたんだよ」って言ってくれてね、撮影の合間に「お茶飲むか」って言って、ケータリングカーに連れて行ってくれたんです。

そこで、コーヒーを飲んで、話をしました。話をしているうちに気づいたんですけれど、シーンの変わりの合間だったので、スタッフの人が待ってるんですよ。ライトもついてて……。スタッフが並んで待ってるんですよ。こっちはもう気が気じゃなくて。だって、撮影の邪魔になってるわけだから。「まいっちゃったなぁ」と思いながら話しました。

とりとめのない話でしたよ。

「山川、おまえ、どんな仕事してる？　元気か？」「はい、今は自分のスタジオで俳優さんや女優さんの撮影してます」って感じで話をしたら、「山川、立派だな」って、そのときは珍しくほめてくれました。そのシーンは草彅（剛）さんとのシーンだったかな。話している最中、なぜかいろいろ思い出しましたね。

一度、「オレに合うシナリオがあったら持ってこいよ」って言われたことがあって。

「オレもいま、いろいろと考えてやってるから」

それで二回は持って行ったけれど、やっぱりダメでしたね。僕だけじゃなくて、いろんな人に「シナリオを持ってこい」って言ってたけれど、結局は降旗監督の企画だけでしたね。出演したのは。

それで、『あなたへ』の撮影のときですけれど、僕が帰るとき、わざわざ声をかけてくれたんですよ。やっぱりすごく気をつかってくれたんですね。

「山川、またな」って。

それが最後の言葉でした。

Ⅸ
バーバーショップ佐藤さんの贅沢

KEN TAKAKURA
LAST INTERVIEWS

＊高倉さんにバーバーショップ佐藤についてインタビューをした。主人は佐藤英明。名人。いまは閉鎖され、もう店はない。

髪の毛は俳優の武器

バーバーショップ佐藤のない生活なんて、僕には考えられない。いや、僕はここがなければどうしていいかわからないくらい。

事務所もありますが、ぜんぜん、行かないんですよ。佐藤さんのところで人に会ったり、用事を済ませる。パソコンを置いてあって、メールすることもありました。いまはしないけれど。

頭を刈ってもらうというより、友達です。佐藤さん、根っからの職人ですよ。実家も湘南の床屋さんで、親戚も床屋さん、奥さんにもらった人も床屋さんの娘。それから銀座の「米倉《よねくら》」（注　日本一の理髪店）に丁稚小僧で入って修業を積んで……。

――佐藤さんを知ったのは米倉時代ですか？

僕はここに来るようになる前は、ホテルオークラの米倉で頭を刈っていました。そのときは他の人にやってもらっていたから、佐藤さんではなかった。でも、僕は佐藤さんに刈ってもらいたかった。ですから、彼が独立して店を開いたときからずっと来ています。米倉にいたときから、「佐藤さんは名人」と知られていたんです。

佐藤さんの店にたどり着くまで、いろいろなところで髪の毛を切っていました。長嶋監督に紹介されて赤坂東急ホテルの床屋さんにも行ったし、他のホテルでも刈ってもらったことはあった。でも、佐藤さんにやってもらったら、もう他へは行けません。

僕ら俳優稼業では髪の毛は大切です。高倉健はいつも同じような髪型をしていると思われるけれど、実は作品によって変えているんだ。『あ・うん』(一九八九年)のとき、僕は伸ばしたくないと思った。そうしたら降旗監督が佐藤さんに電話をして、「ちょうどいい長さで」と言ったらしい。それで、佐藤さんが研究して、あの長さにしたんです。

『鉄道員ぽっぽや』のときの長さとはまったく違うでしょう。髪型が変わると、やはり人間の印象は変わるものです。そして、不思議なもので、まずはやっている自分自身の気分が変わる。髪の毛は俳優にとって非常に大きな武器だよ。

映画ではヘアーメイクが付きます。僕の担当のヘアーメイクは優秀な方だけれど。

「高倉さん、佐藤さんが切った髪の毛には私は触れません」

そう言うんだよ。ちょっとくらいカットしてごまかすことはできるけれど、それ以上のことはできないとはっきり言っていました。

共演する俳優の髪の毛も気にはなるんだ。手入れのよくない髪の毛をしている人と一緒だと、どうしても気になって仕方がない。また、特攻隊の役なのに髪の毛が長いのも不自然でしょう。

でも、そんなことより、自分は幸せだと思っている。役柄に合わせて髪の毛のスタイルや長さを相談できる人がいるのだから。他の俳優さんだって、それぞれのスタイリスト、ヘアーメイクがいるでしょう。日ごろからそういうスタッフがいることが必要なんだ。その場で切るのではなく、出演の前に演じる役の説明をして、こういう髪の毛で行こうと相談しなくてはいけない。

山田（洋次）さんの『たそがれ清兵衛』（二〇〇二年）を見ると、月代《さかやき》が伸びていたりするでしょう。下級の武士が毎日、髪結い床へ行って、きれいにしているはずがないもの。やはり、山田さんはちゃんと考えているんです。

僕が時代劇をやるとしたら、山田さんと同じアプローチになりますよ。主人公が、どのくらいの年収をもらって、何人の家族を養ってやってるのかを調べる。想像する。

そこから着ている服、髪の毛の形、履いているもの、持物などを選んでいく。若い頃はそんなことは考えなかったが、当時、共演した立派な俳優さんは誰もがそういうふうに考えて分析していた。あれには驚いた。

実は贅沢だったのは佐藤さん

話を佐藤さんに戻すと、長いロケでは必要なんです。『海へ〜Ｓｅｅ ｙｏｕ〜』（一九八八年）というアフリカロケの映画がありました。「来てくれ」と言っても、普通の床屋さんなら来ませんよ。でも、佐藤さんは店を休んでアフリカまで三回も来てくれた。そんな人はいない。

アフリカだけじゃない。ＣＭロケにも来てもらいました。アメリカ、ヨーロッパ、いろんなところに来てもらいました。

――最初のうち、わたしは床屋さんに専用の個室を持つ高倉さんが贅沢だと思いました。しかし、考えてみると、佐藤さんの方がはるかに贅沢ではないか、と。高倉さんの髪の毛を切る。アップのシーンになると、自分の仕事が映画の画面に大きく映るわけです。そんな床屋さんはいません。

それ、佐藤さんに言ってあげると喜ぶよ。何しろ、あの人には、僕のためにロケ用の鋏とか剃刀まで作らせたのだから。それを持って飛行機に乗ってやってくる。でも、たまに嘆いてるよ。いまの時代、鋏も満足に使えない美容師が髪の毛を切って、それが流行りになっちゃうんだから、と。佐藤さん、嘆いてたね。

佐藤さんに刈ってもらったことある?

——はい、あります。

佐藤さんの刈り方、刈りたてにはしないでしょう。そして、鋏の音で、こちらの気分を変えてくれる。あれ不思議だよ。

やっぱり、ここしかない。僕はもう友達としてこの人といたい。

頭を刈る、刈らないのことじゃないんだ。実際、刈ろうと思えばそれなりのところはどこでもありますよ。

でも、行かない。そうじゃなくて、この人は友達だから。この人の持ってるレンズですよね。この人が人を見る、人を見るレンズがいいから、ここに来たくなる。ここへ来だしてから他へ行ってない。まあ、わがままな客だと思うけど。

佐藤さんの人を見る目

佐藤さん、髪の毛を切るだけでなく、あの人が他の人や世の中を見る目が勉強になるんだ。

それに、面白い。役者をやっているとつい、同業ばかりと話をするでしょう。でも、佐藤さんといると、自然に違う話をしてしまう。

江戸時代の髪床かな、ここは。旦那衆が集まって世間の話をしている場所。そのなかにまた僕は専用の個室を持っていて……。贅沢なもんですよ。

だから、毎日来ていますよ。いや、毎日、刈りはしないよ。刈りはしないけども、髪を洗ったり、髭を剃ったり、新聞を読んだり、こうして取材に応えたり……。東京にいる限りは毎日のように来ています。切るのは一週間に一回かなあ。もしくは一〇日に一回。

でも、僕だけじゃないんだ。ここに髭だけ剃りに来る人もいる。贅沢な人は髪の毛を切りに来るのではなく、やっぱり、気分を変えに来ているんだと思う。

大人の男の空間

佐藤さん、独立する前はホテルオークラの米倉にいたんだ。あるとき、泊り客のアメリカ人が来て、髪の毛を切って帰っていった。翌日もまたその翌日も髭を剃りにやってきた。そして、通訳と一緒に、その男が来た。こう言ったらしいんだ。

「お前のこと、気に入ったからアメリカに来て、オレの頭だけを刈れ」

佐藤さん、こいつは何をエラそうなことを言ってるんだとまったく相手にしなかった。

あとで聞いたら、アメリカ人の名前はジャン・ポール・ゲティ。石油王で美術館を作った男だって。息子が誘拐されて人質にされたこともあったらしい。

でも、佐藤さんにとっては大金持ちでも何でも関係ないんだよ。好きでもないやつの頭の毛を刈りにアメリカまで行こうとは思わないんだ。

佐藤さん、ここで楽しんでるよ。ときのうつろいを楽しんでますね。羨ましいよ、まったく。僕が身につけたいのはこれだな。じっと、ときの移ろいを楽しむ。いつかそういう暮らしをしたい。佐藤さんは趣味で焼き物を焼いたりしてるらしいし……。佐藤さん、昔、スペインのセビリャに床屋を開こうと思って行ったことがあるんだって。セビリャの理髪師になろうと……。

スポンサーもいて、本気で三回、スペインに渡航して物件も探してみたけれど、向こうの組合がうるさくて断念した。そのとき、世界の床屋を回ってみたらしいけれど、床屋らしい床屋が残っていたのはイタリアとアメリカだけだった。そう言っていた。イタリアとアメリカはよかったけれど、あとはもう美容院みたいになっていて、パリなんか完全にユニセックスの床屋ばかりになっていた。イタリアは男しか入れない床屋がまだ残ってる。

アメリカの床屋には僕も行った。たとえば、古くていい紳士物のブティックがあるとするでしょう。その近くもしくは裏の道には、必ず男だけしか入れない床屋がある。ニューヨーク、ロサンゼルス、サンフランシスコ……。まず古いブティックを探す。バックドアを開けて駐車場を抜けると、床屋、カフェ、靴磨きと並んでいる。一度、スティーブ・マックイーンから聞いたこともあるよ。「健さん、ここには男だけの世界がまだ残っている」って。

ブティックの裏の床屋も決して大きな店じゃないんだ。椅子が四つか五つ並んでる

だけ。マニキュアはマニキュアをやる女の人がいる。髪の毛を切るのは佐藤さんみたいな親父さん。靴は髪を切ってる間に磨いてくれる。コーヒーも出前したのを飲む。東京にもあったらいいなと思ったら、佐藤さんがその通りにしてくれる。マニキュアもできるし、ホテルからコーヒーを運んでもらうこともできる。個室のなかで、髪の毛を切ってくれる親父さんと僕は、コーヒーを楽しむことができる。贅沢でしょう、それは。

脇役の演技

――インタビュー取材で、高倉さん自身のことではないことに答えたのは初めてですか?

そう。初めてのこと。だいたい、僕は映画のことしか聞かれないし、映画のことしか答えない。このインタビューは言ってみれば脇役、特別出演といったところじゃないか。

――では映画の場合、主役と脇役では演技は違いますか？

脇役もずいぶんやってますよ、僕は。東映の頃、ひばりちゃんの映画は全部、脇でした。あと、錦ちゃんの映画には特別出演。あのころ、タイトルは特別出演。盆暮れの映画には必ず出るわけだから、特別出演もやりました。

最初の頃は目立つための脇役。主役を食ってやろうと思ってたから。でも、役の方で特別出演したときは主役との間合いを楽しむ演技だった。脇にまわると主役の演技がよくわかる。主役の演技は技術というより人間ですよ。人間が出るからね。

今日の脇役としてのインタビューの目的は、たくさん話をして佐藤さんの片りんがちらっと出ること。ちらっでいいんだよ。僕は脇だから、佐藤さんの全体像を伝えなくていい。脇の役者の演技もそうです。自分が見た佐藤さんの魅力をほんの少しだけ伝えることだけれど、どうだろう？　そうなった？　あとはまかせるよ。原稿、見せなくていいよ、僕には。佐藤さんにも見せないって？　ああ、それが仕事だよ。それが本当の仕事だからね。

あとがき

この本を編集した桂木栄一氏が初めて「あとがき」を書いた。しかし原文ではない。直してある。

会うたびに便秘になった

――一九九五年二月中旬のこと。朝一番に編集部の電話が鳴った。

「編集部の桂木さんはいらっしゃいますか？」

「どなたでしょう？」

「高倉と申します」

「あいにく桂木は取材で直行していて、まだ出社していませんが……」

「では桂木さんにお伝えください。いただいたファックスに『原稿を一日で見ろ』と書いてありますが、一日では見ることができません。最低でも三〜四日の猶予が欲しいところです。それをお伝えください」

当時は携帯電話もまだ普及していない時代。

帰社した私（桂木）は真っ青になった。バイトちゃん（一〇代女性）は言った。

「確か高倉という方から電話があって、原稿は一日では見られないと言ってました」

「え！」

私は震える手で高倉プロモーションに電話し、平謝りに謝った。

《あの高倉健を怒らせてしまった。私の編集者人生はおしまいだ。もうダメだ》

その後、なんとか著者校をもらって無事、校了はできたものの、私は心配で心配でたまらず、高倉さんに直接「詫び状」をしたため、速達で送った。

翌月一〇日に高倉さんの原稿が載った『プレジデント』誌が発売された。翌日にご本人から直接お礼の電話が自宅の留守番電話に入っていたときは、本当にホッとした（週末を挟んだ原稿のやりとりのため自宅の電話番号を伝えていた）。何度も何度もその留守番電話を聞き直したことを覚えている。

その後、主演映画が公開されるタイミングで、著者の野地秩嘉さんと一緒に高倉さんのインタビューをすることができた。著者の野地さんやⅨ章に出てくる山川雅生キャメラマン同様に、何度も何度も現場に通って初めて取材のＯＫが出た。

高倉さんは取材のインタビュー原稿もご自身ですべてチェックされ、それをお目にかかったときにご本人が口頭で赤字の修正をしていく。電話もすべて直接かかってくるので、高倉プロモーションに原稿を渡してからは本当に気が気でなかった。携帯電話を持つようになってからは携帯にもかかってくるようになったが、それでも当時、電波が入らない地下鉄には乗れなかったし、トイレに行く際も携帯を手放せなかった。できるだけ神聖な場所でご本人からの電話を取りたかったので、ウンコするのも我慢して、便秘になった。いまも便秘だ。

ひとつの原稿チェックをするだけで、二時間、三時間と時間をかける人だった。私の知る限りにおいて、どんなに著名な作家でも経営者でもそんな手間はかけない。高倉さんはひとつひとつの仕事に非常に丁寧に向き合う人だった。

通常、編集者というものはいくつも企画を掛け持ちして、それを巧みにまわしていくもので、正直、手を抜く仕事だってある。しかし、高倉さんの記事をやるときは、他のどの仕事を犠牲にしてでも集中するしかなかった。その意味で高倉さんとの仕事は他の仕事とはまったく違うものだった。

原稿のやりとりをしていくうちに、ときには原稿から話がずれ、雑談になることもあった。ある後輩俳優が離婚したことについて、直接その俳優を励ましたという話も聞いた。
高倉さんは仕事を通じて人生の大切なものを教えてくれる人だ。

クライアントに怒られた

わたし（野地）が初めて高倉さんに会ったのは一九九四年の秋だった。キャメラマンの山川雅生さんの紹介で、プレジデント社の剛腕編集者、桂木栄一氏とふたりで目白のホテルへ話を聞きに出かけた。

『四十七人の刺客』を撮り終わった後で、のんびり、ゆったりと話をした。

本人から聞いたことをそのまま原稿にして、『プレジデント』誌に載せたら、反響が大きかった。読者からだけではなかった。「なかなかマスコミに出てこない高倉健が映画宣伝でもないのにインタビューに応えた」事実はインパクトがあったらしく、芸能界で話題になった。

おかげでわたしの仕事にもプラスになった。その後、大物芸能人から「インタビューをしてほしい」という依頼をもらったし、後に渡辺プロダクションから「当社の歴史を書いてほしい」とも言われた。高倉健さんとのインタビューはわたしにとってはエンターテインメント業界と縁ができるきっかけともなった。

それはさておき、雑誌掲載後のいちばん大きな事件は、タバコ会社と巨大広告代理店が猛烈な抗議をしてきたことだった。

当時、高倉さんはタバコ会社の広告に出ており、『プレジデント』誌にはインタビュー記事と一緒に、タバコ会社の宣伝で撮影した写真が載ったのである。

わたしが書いた記事は広告ページではないのだから、別にクライアントを気にする必要はない。しかし、タバコ会社と広告代理店は広告の延長のように感じていたのだろう。意に沿わない内容の原稿があったものだから、両社は怒り心頭に発した。プレジデント社の広告部長を呼びつけて、なんと土下座させたとのことだった。

両社が激怒したにはわけがある。

高倉さんはインタビューで、こう話した。

「『八甲田山』の撮影はほんとに過酷だった。このままでは死んでしまうと思ったから、願をかけようと思い、好きだったタバコかコーヒーのどちらかをやめることにした。そこで、タバコをやめたんだ」

映画を見ると、確かに八甲田山でのロケはドキュメンタリーのようなものだ。雪嵐のなかを歩いているシーンばかりが続く。演技も何もあったもんじゃない。そりゃ、タバコくらいやめたくなるよなと大いに共感したので、そのまま書いた。担当編集の桂木氏も上司の編集長も「いいねえ」とそのまま載せた。高倉さん本人も原稿に目を通したけれど、一字も直してこなかった。

ところがクライアントにしてみれば、タバコの広告に出してやっているのに、「禁煙した」では話にならない。仲介した広告代理店も立つ瀬がない。ただし、編集ページの話だから、「雑誌を回収しろ」とまでは言えない。そこで、広告部長を呼んで土下座させて、溜飲を下げたのだろう。

もっともわたしがこうした事情を知ったのはずいぶん経ってからだ。広告部長と桂木氏と編集長がわたしをかばってくれた。ひとことも愚痴をこぼすことはなかった。

これが広告ページの原稿だったら、わたしはたちまち出入り禁止になっただろう。もっとも、広告ページだったら、「禁煙した」とは書かなかったとは思う。それはともあれ、あのときからわたしは、編集者とは偉いもんだなとひそかに思っている。

ほめるのが上手

タバコ会社の激怒問題について、桂木氏もわたしも高倉さんには伝えなかった。愚痴もこぼしていない。ただ、もし、伝えたとしたら、「野地ちゃんを守った桂木ちゃんが偉い」と笑っただろう。

わたしたちはふたりとも、高倉さんがしゃべりすぎる男、愚痴をこぼす男は大嫌いとわかっていた。そして、高倉さんが評価する人間とは、しゃべらない男、他人をほめる男、他人に優しい男だともわかっていた。だから、タバコ会社激怒問題については口外はしなかった。

それよりも、わたしたちはインタビューをきっかけに面白い雑誌企画を考え出した。それが「ほめ上手の研究」である。高倉さんは他人をほめる男が好きなだけでなく、彼自身が人をよくほめる。しかも、ほめ方が上手だ。そこで、高倉さんにあらためてインタビューをして、雑誌企画に仕立て上げたのである。そうすれば高倉さんに会える。それが嬉しかった。以後、わたしたちふたりは何度も企画を考えては、高倉さんに会うようになる。

さて、その企画で書いた高倉さんの人のほめ方は次の通りだ。

高倉さんは直接、相手に「キミはここが立派だ。エラい」とは言わない。相手に伝わるように、周りにいる人間に「あいつのここが立派だ」とささやく。そうすれば、いつかは相手に届く。つまり、間接的にほめるのである。ほめられた方にしてみれば、直接、言葉をかけてもらうよりも、「オレは高倉さんにそれほど評価されているのか」と何度も喜びをかみしめることができる。

賢いというか、巧みというか……。つまり、高倉健は人生におけるコミュニケーションのプロだ。そういう方法で、つねにスタッフや仕事仲間をほめては、やる気にさせている。スイッチの入れ方がうまい。

わたしも自身、高倉さん流のほめ方を知ってから、間接的にほめる方法を用いるようになったが、高倉健がほめたのと、わたしが「すばらしい」と言ったのでは価値が違う。貫禄負けしている。しかし、それは当たり前じゃないかとも思う。

『高倉健ラストインタヴューズ』は多くの人のおかげでやっと本になりました。

実は前回の本を出したとき、ご本人に「もう一冊分くらい、インタビューした記録があるんです」と伝えた。

「じゃあ、やればいいいんじゃない」

それで、準備をして原稿をまとめていたのだけれど、ご本人が亡くなり、二年半の間、そのままにしていた。今回、あらためて取材をし直して、やっと本になった。

みなさん、ありがとうございました。感謝しています。

本書が出る直前、あるソムリエから高倉さんについてのエピソードを聞いた。どうしてもそれを書きたいと思った。

彼はソムリエ界では現役最長老。七三歳で、これから書くエピソードは半世紀近く前の話だ。彼が最初に働いたところは東京エアターミナルホテル。昔の羽田空港にあったホテルで、そのなかのバーに配属された。

「ウェイターです。ソムリエなんて言葉はありません。私はお客さまにカクテルを作って出していました。そうですね、時々、ぶどう酒をサービスしたこともありました」

ワインではない。ぶどう酒である。

「お客さまは紳士と有名人ばかりでした。今で言えばセレブの方々ですね。会社経営者、政治家、外国人ではジョン・ウェイン、フランク・シナトラもいらっしゃいました。アメリカに帰る飛行機に乗る前に立ち寄っていただいたのです。日本の芸能人も地方へ行く前にいらっしゃいました。まだムーンライト便という飛行機の深夜便があったので、夜遅くまで開いていたホテルのバーは便利だったのです。

石原裕次郎さんはよくいらっしゃいましたね。あの頃の空港ホテルのバーでは、ビールを頼む方はいらっしゃいません。紳士は本格的なバーではビールなど飲むべきではない、という考え方が一般的だったのです。ウイスキーのストレートか、もしくはハイボール。水割りという方もいらっしゃいませんでした。大半の方はマティーニなどのカクテルです。『ビール』と注文されても、『申し訳ありません。あいにく切らしております』と答えるバーテンダーがいた時代のことです」

彼は高倉健ファンだった。映画と言えば高倉健を見に行った。まだ東映のやくざ映画に出ていた時代である。

ある晩のこと、バーに高倉健がひとりでやってきた。カウンターに腰かけると、かけていたサングラスを取り、下に置いた。

一方、カウンター内にいたウェイターの彼は緊張していた。

「僕は高倉さんが酒を飲まないことを知っていました。どうしよう、『ビール』と頼まれたら、出さざるを得ないかな、と。でも、出したくないなと思いました。だって、それはカッコ悪いでしょう。高倉さんにはカッコいい人でいてほしかった。もし、ビールと言われたら、意を決して『ホテルのバーでビールを頼むのはカッコ悪いことですよ』と忠告しようと思いました。すると……」

高倉健はおもむろに口を開いた。

「すみません、オレンジジュースください」

ウェイターの彼は満面の笑みで「かしこまりました」と答え、カクテル用のオレンジを全部使って、フレッシュオレンジジュースを作り、グラスの上まで注いだ。

「ありがとう」

健さんは一気に飲み干して、そして、ほほ笑んだ。

高倉健は、本格的バーで本当の紳士が何を頼むとカッコいいかをよくわかっていたのである。

取材協力者（敬称略）
敷田稔、降旗康男、嶋宮勤、田中節夫、宮入恵、山川雅生、佐藤英明、稲本千香、株式会社高倉プロモーション
みなさんありがとうございました。

野地秩嘉

二〇一七年一一月

［著者紹介］

高倉 健(Ken Takakura)

1931年福岡県生まれ。明治大学商学部卒業後、スカウトされ東映第2期ニューフェイスとなる。56年『電光空手打ち』でデビュー。64年～71年『日本侠客伝』65年～72年『網走番外地』65年～73年『昭和残侠伝』の各シリーズがヒットし、東映の看板スターとなる。77年『幸福の黄色いハンカチ』『八甲田山』でブルーリボン賞、日本アカデミー賞の各主演男優賞受賞。98年紫綬褒章受賞。99年『鉄道員　ぽっぽや』でモントリオール世界映画祭最優秀主演男優賞受賞。2013年文化勲章受章。2014年11月鬼籍に入る。

野地秩嘉(Tsuneyoshi Noji)

1957年東京都生まれ。早稲田大学商学部卒業後、出版社勤務を経てノンフィクション作家に。人物ルポルタージュをはじめ、食や美術、海外文化などの分野で活躍中。著書に『高倉健インタヴューズ』『キャンティ物語』『サービスの達人たち』『なぜ、人は「餃子の王将」の行列に並ぶのか?』ほか。『TOKYOオリンピック物語』でミズノスポーツライター賞優秀賞受賞。最新刊は『成功者が実践する「小さなコンセプト」』『トヨタ物語』。

高倉健ラストインタヴューズ

2017年12月15日　第1刷発行

著　者　野地秩嘉

発行者　長坂嘉昭

発行所　株式会社プレジデント社

〒102-8641　東京都千代田区平河町 2-16-1
平河町森タワー 13階

http://president.jp

http://str.president.co.jp/str/

電話：編集 (03)3237-3737
販売 (03)3237-3731

装　丁　竹内雄二

編　集　桂木栄一

制　作　関 結香

販　売　高橋 徹　川井田美景　森田 巌　遠藤真知子　末吉秀樹

印刷・製本　凸版印刷株式会社

ISBN978-4-8334-2256-7

Printed in Japan